EDUCACIÓN CRISTOCÉNTRICA

DEL PADRE FORTINI

RAFAEL LUIS BREIDE OBEID

EDUCACIÓN CRISTOCÉNTRICA DEL PADRE FORTINI

LIBRO I
LA VIDA EN CRISTO
DE UN CAPELLÁN CASTRENSE

LIBRO II
JESUCRISTO EN LOS EVANGELIOS

GLADIUS

Buenos Aires
2020

Breide Obeid, Rafael Luis
La vida en Cristo de un capellán castrense / Rafael Luis Breide Obeid.
1a ed.- Ciudad Autónoma de Buenos Aires: Gladius, 2020.
68 p. ; 23 x 15 cm. - (Educación Cristocéntrica del Padre Fortini)
ISBN 978-987-659-091-4
1. Teología. I. Título.
CDD 253.2

Breide Obeid, Rafael Luis
Jesucristo en los Evangelios / Rafael Luis Breide Obeid.
1a ed. - Ciudad Autónoma de Buenos Aires : Gladius, 2020.
184 p. ; 23 x 15 cm. - (Educación Cristocéntrica del Padre Fortini)
ISBN 978-987-659-092-1
1. Teología. I. Título.
CDD 232.2

LIBRO I

LA VIDA EN CRISTO
DE UN CAPELLÁN CASTRENSE

Breve Biografía del Padre Atilio Fortini S.J.

Indice

LIBRO I

LA VIDA EN CRISTO
DE UN CAPELLÁN CASTRENSE

LIBRO II

JESUCRISTO EN LOS EVANGELIOS

PRÓLOGO

EL P. FORTINI
CAPELLAN Y FORMADOR DEL LICEO MILITAR

El Dr. Rafael Breide Obeid ha tenido la idea de que opine sobre su trabajo sobre el P. Atilio Fortini S. J. que fuera capellán del Liceo Militar General San Martín. Me dijo que lo hiciera teniendo a mano un lápiz rojo... Realmente no tengo nada que corregir. Sí mucho que felicitar por la iniciativa y la realización de esta obra que da a conocer la figura de un capellán militar que merece ser propuesto como modelo.

Cuarenta años asistiendo espiritualmente a adolescentes y jóvenes que se forman en un Liceo, significa una influencia profunda en varias generaciones. Muchas de ellas dedicadas luego a servir a la patria en las Fuerzas Armadas.

Ha tenido el P. Fortini el tacto pedagógico de poner a los jóvenes en contacto con la verdad en una de las expresiones más elocuentes: la creación. Palabra que Dios dirige al hombre. Y quien se habitúa desde adolescente a este lenguaje de Dios, está preparado para descubrir, interpretar y profundizar más las diversas manifestaciones de Dios en su revelación.

Los campamentos que con ejemplar disciplina organizara el P. Fortini a orillas del lago Moreno en Bariloche, constituyen un ambiente ideal para que, partiendo de la naturaleza, la descubramos como creación. Y desde esta accedamos al Creador que se revela personalmente y llega a la expresión más alta de su revelación cuando el Verbo, la Palabra de Dios se hace carne: la revelación consumada de la Verdad. De ahí aquella afirmación terminante: "Yo soy el camino, la verdad y la vida".

Esta es la razón porqué el P. Fortini de la contemplación de la verdad en la creación, lo lleva al adolescente a la verdad presente en el Evangelio, en la palabra de Dios escrita. Lo encamina en la "Educación Cristocéntrica".

Al leer la segunda parte después de la biografía que presenta el Dr. Breide Obeid, nos llama la atención el "aparato crítico"; para probar la historicidad del texto evangélico. Nos está diciendo: "Busque la verdad en la fuente genuina"... Explica esto la prolijidad que caracteriza la segunda parte del libro.

La oración con la que continúa, es el fruto espontáneo del descubrimiento de la Verdad en la persona de Cristo y las demás manifestaciones con los que se nos da a conocer y se pone en contacto con el hombre.

La pasión por la verdad y la vocación de presentarla a la juventud ha sido una característica del P. Fortini. Y si bien la verdad nos hará libres, la pasión por ella nos creará problemas y provocará la persecución. La que sufrió de tantas maneras el mismo Padre.

Por otro lado las generaciones jóvenes que bebieron de esa fuente, si bien admiten lo costoso que fue llegar a ella y los sacrificios que les exigió, tras los años transcurridos agradecen a Dios el tiempo vivido con tal ritmo.

Las excursiones para ascender a los cerros cercanos (o no tan cercanos) al campamento, exigían grandes sacrificios. Pero la satisfacción y la alegría de llegar a la cima, y desde ella contemplar el paisaje, relegaban al olvido el cansancio y los accidentes sufridos, tal vez... Y se experimenta la satisfacción del premio obtenido por el esfuerzo.

Esa experiencia didáctica la aplican a la vida muchos de aquellos adolescentes y jóvenes de los campamentos. Hoy también disfrutan del gozo, fruto del esfuerzo hecho... y la cima lograda.

He tenido (como don de Dios) la experiencia de campamentos a pocos kilómetros del P. Fortini. Y ahí también verifiqué lo didáctico que es para el joven esa experiencia. Una tarde me había quedado en el refugio para prepararles la comida al grupo que llevé al ascenso del cerro López. Cuando después de unas horas de espera van regresando los jóvenes que ascendieran al cerro, constato que uno (pese a todas las indicaciones que se dan en las excursiones) no venía con el grupo. Sus compañeros no sabían dar razón de esa ausencia. Organizamos el "rescate"... Y cuando estábamos por salir aparece Carlos S. Me desarmó con la disculpa: "Me distraje viendo bajar el sol en la hoya del cerro... ¿Cómo puede ser que haya gente que no crea en Dios?"... Confieso que la disculpa me desarmó...

Y me corrobora el tacto pedagógico del P. Fortini: Dios es quien nos habla en la creación. Y el silencio, la lejanía de lo cotidiano que significa el campamento en un lugar de tanta belleza, crea el ambiente para encontramos con la Verdad... Y si sabemos asimilarla nos iluminará toda la vida.

La presencia del P. Fortini como formador en el Liceo Gral. San Martín ha sido indudablemente una bendición de Dios para varias generaciones que, como adolescentes se han formado en el Liceo. Han contado con un capellán de profunda sensibilidad y sintonía con el espíritu del hombre que se va abriendo a la vida. Ha tenido el Padre el tacto pedagógico de presentarles lo bueno, lo que se debe ser para realizar su vocación, sin imponer: dando la posibilidad de optar en contacto con la verdad.

Pero ha fundado su propuesta con una sólida formación teológica y con la belleza que ofrece, además de la creación, la literatura cristiana en diversas expresiones (Francisco Luis Bernárdez, Juan Luis Gallardo...). La presentación además, de personas ejemplares en la vocación (centurión de Cafarnaúm, centurión Cornelio en el Nuevo Testamento) y los de la patria argentina (Gral. Manuel Belgrano, y San Martín...) constituyen una galería de modelos auténticos para un adolescente.

Las bendiciones son cada una, la pieza precisa y bien ajustada a su fin: poner de relieve la altura de la vocación de quien lleva el uniforme y jura la bandera; pero al mismo tiempo que exalta el ideal, pone ante los ojos los desafíos que conlleva y los recursos con que cuenta para realizar dicho ideal.

Cada bendición (aún en sus repeticiones) tiene rasgos de originalidad y van a la base: por la fe en Dios ante cuya mirada se hace el juramento; pero con cuya ayuda se cuenta...

También las "invocaciones religiosas" en momentos claves de la vida del liceísta ponen de manifiesto la sólida formación teológica del capellán y su intuición pedagógica para ofrecer la verdad en el momento oportuno: que sea un terreno bien preparado para recibir la semilla.

El Dr. Breide Obeid ha sabido seleccionar también y fundamentar con claridad las diversas expresiones de piedad (Rosario, Viacrucis, etc.) que jalonan la obra del Padre y muestra su ductilidad de genuino pedagogo para ofrecer a quienes están en formación, lo que les es apto y provechoso en el momento que están viviendo y que deberá proyectarse en la vida.

Creo que la obra que ofrece el Dr. Breide Obeid no sólo es valiosa en sí, sino muy oportuna en esta etapa de la historia que estamos viviendo. Volver a nuestras raíces no sólo es oportuno, sino vital.

Quiera Dios que este esfuerzo del doctor al presentar a su maestro el P. Atilio Fortini produzca abundante fruto en nuestra juventud.

Mons. Basseotto, Obispo Emérito

I. BREVE BIOGRAFÍA DEL PADRE FORTINI S.J.

1. Familia y antecedentes formativos

El Padre Fortini (1917-2002) fue un gran sacerdote y un original educador, especialista sobre todo en esa difícil y crucial etapa de la vida que es la adolescencia.

Unos pocos datos biográficos nos muestran cómo la Providencia lo fue preparando para esa singularísima forma de apostolado y ese original y fecundo estilo formativo.

Atilio César Fortini Isola, nació el 9 de julio de 1917, en Córdoba, República Argentina, hijo de un matrimonio de inmigrantes italianos, que tuvo dos hijos y dos hijas.

Ambos padres tenían un nivel cultural elevado. Su padre era Bachiller Humanístico italiano y su madre era Doctora en Farmacia. Fue profesora de química de la Escuela Normal Nacional de Córdoba "Profesor Alejandro Carbó" institución de más de cien años de antigüedad, muy prestigiosa. Donde fue recordada como una importante docente y una gran dama. Su hermana mayor fue directora de escuela en Córdoba y la menor Ofelia, una importante profesional del Estado del Vaticano donde estuvo encargada de elaborar las estadísticas de la Iglesia Católica.

El hermano mayor Eduardo fue médico y había tenido una fábrica de lápices, los famosos lápices "Conte". Cuando falleció en la Clínica Agote, hace muchos años, el Padre Fortini alcanzó a llevarle los últimos sacramentos.

En la familia se vivía un ambiente cultural elevado y alegre. En la sobremesa cantaban arias de óperas italianas. Su hermana mayor sabía de memoria las principales arias. Lo único que ensombrecía el porvenir de la familia era la incapacidad del padre don Pablo para los negocios. De modo que vivían principalmente de la Farmacia materna.

La escuela primaria la realizó Fortini con los Padres Salesianos en el Colegio Pío IX de Buenos Aires. Estos le dieron tres legados principales: la devoción mariana, el desarrollo de su capacidad oratoria y la admiración por el mayor novelista de América, Hugo Wast.

De la devoción mariana nos queda la canción Quiero Llegar:

Quiero llegar hasta tus pies benditos
para implorar sobre mi vida entera
la bendición que ampare mi alegría,
Auxiliadora Madre mía.
Por Ti viví los años de inocencia
Porque aprendí de labios de mi madre
A invocar tu nombre cada día,
Auxiliadora Madre mía.
Tuya será mi juventud inquieta
frágil barquilla en borrascosos mares
Porque serás su brújula y su guía,
Auxiliadora Madre mía.
Y hasta el postrer momento de mi vida
Ruego que ayudes con materna mano
al pecador que sólo en Ti confía,
Auxiliadora Madre mía.

La capacidad oratoria fue fundamental en la vida del Padre Fortini, que publicó muy pocos trabajos: *Las Metas* o Ideario Formativo, y algunos artículos, *"La Estructura Psíquica del Adolescente"*, aparecido en Mikael N° 24; *"La Formación Religiosa del Joven"*, en Gladius N° 8; *"Un muchacho"*, en Ariel; *"Misión Pastoral"*, en Ariel N° 88, y *"Adiós y un fuerte abrazo"*, en Ariel N° 89.

La mayor parte de su obra escrita y no publicada hasta ahora son guías de pláticas, sermones, bendiciones.

En sus años infantiles del Pío Nono había ganado la medalla de oro en un concurso de Oratoria. El hecho tuvo tanta repercusión que apareció en el diario La Razón, con foto, y un comentario de media página.

Los estudios de segunda enseñanza los cursó en el Instituto Otto Krause, la primera y la mejor escuela técnica del momento. Allí obtuvo su título de Electrotécnico y egresó con Medalla de Oro.

Estos estudios le sirvieron para incorporar el taller como elemento formativo para su estilo educativo.

La época de su asistencia al Otto Krause de los trece a los diecisiete años coincidió con el primer lustro de la década del treinta, momento de terrible miseria en la ciudad de Buenos Aires y de mucho malestar social. Él debía caminar todos los días veinticinco cuadras para llegar a Paseo Colón al 500, en barrios de patotas y delincuencia.

Una vez salió en defensa de un compañero débil que estaba siendo agredido por una banda de cinco ó seis patoteros y consiguió salvarlo, aunque ambos quedaron un poco maltrechos.

El joven Fortini colabora con las misiones náuticas del Padre Isola en el Tigre

El Padre Fortini tenía un tío sacerdote, el Padre Isola, que era párroco del Tigre con una Capilla flotante, donde el padre muchas veces acompañaba al tío para colaborar en sus misiones.

Se trata la "iglesia flotante" en el puerto de Buenos Aires. Recorría el delta de isla en isla entre los años 36 y 52.

Hoy, la cúpula de la capilla está en el destacamento de policía de Paraná de las Palmas.

Esto nos informa el P. Galeazzi, lo mismo que las 4 fotos. El párroco de esa parroquia flotante, era el P. Isola, tío de Fortini, y el monaguillo grumete, a veces era el propio Fortini.

El tío sacerdote inculcó en el joven Atilio dos amores, uno por la evangelización y posiblemente fue el origen de su voca-

ción sacerdotal, y el otro por el deporte de la náutica, en el futuro campamento quedaría esto reflejado en tres barcos de "su flota", el Catamarán, el Pirén y el Anti.

El 17 de mayo de 1939 ingresó en la Fábrica Militar de Aviones de Córdoba con el cargo de ayudante principal. Llegaría a ser jefe de la Oficina de Diseño. A los veinticuatro años se manifiesta su vocación religiosa y decidió ingresar en la Compañía de Jesús.

Su madre apoyó enseguida la decisión; aunque Atilio era en ese momento el principal sostén de su familia, le dijo: "Espero que seas tan buen hijo de San Ignacio como fuiste buen hijo mío".

En sus años de seminarista tuvo dos inconvenientes que debió superar. El primero fue la aparición de unos fuertes dolores de cabeza que soportó por treinta años; y el segundo inconveniente fue su anterior formación científico-técnica y artesanal, que no le sirvió para la etapa inmediata de la formación jesuita, basada decididamente en las humanidades.

De todos modos, de la confrontación entre ambas formas mentales –la humanística y la científico-técnica– saldría su peculiar forma de educación y de apostolado.

La educación argentina en general atendía a la mente con descuido del cuerpo y del alma y aun esta instrucción era enciclopedista y laicista. Su lema podía ser "la cabeza bien llena".

Fortini en cambio partía del concepto de hombre como cuerpo, alma y gracia de Dios y la educación debía ser armónica e integral para el cuerpo, para el alma, para la gracia.

Para lograr su objetivo estudió todos los maestros que a través de la historia intentaron una educación integrada y luego elaboró su propia síntesis. Oigamos al mismo Padre Fortini (Revista Ariel, Año 1989, p. 99):

La esencia del hombre es algo inmutable. Las enseñanzas que Aristóteles daba a su alumno Alejandro Magno no hay duda que en lo esencial tiene validez también hoy casi en el siglo XXI.

> *"Por eso, y lo he podido comprobar, tienen plena vigencia las normas que daban los caballeros visigodos a sus gallardos hijos para formarlos, y que fueron recogidas por San Isidoro de Sevilla. Formarlos para ellos significaba no solamente desarrollarlos físicamente, hacerlos diestros en el manejo de las armas, de la equitación, de la navegación en pleno mar, buscar a las fieras en sus guaridas, escalar montes empinados, descender a "precipicios horrorosos" (sic), sino también desarrollar el intelecto, nutriéndolo en la filosofía, las leyes del derecho, la teología, la Sagrada Escritura, la oratoria...Y este cuidado de la educación lo tenían desde la más tierna edad, al punto que se fijaran que las nodrizas no cantaran cantos amatorios cuando tenían al niño junto a ellas, pues aunque no poseían la psicología sistematizada como se tiene hoy, tenían el sentido común para conocer las aptitudes del niño, para retener, imitar, compenetrarse sentimentalmente y aprender lo que se oye.*
>
> *Se dan la mano estas normas, muy simplificadas aquí, con las que leemos en el libro La incógnita del hombre, del famoso premio Nobel Alexis Carrel: "... para la construcción del individuo son necesarios los esfuerzos... correr por terreno áspero, escalar montañas, luchar, nadar, cortar leña en los bosques... la exposición a las intemperies, la temprana responsabilidad moral y una cierta rudeza de la vida, proporcionan la armonía de los músculos, de los huesos, de los órganos y de la conciencia".*

Estas dos citas distantes entre sí 15 siglos deberían aplicarse en todos los colegios.

En lugar de quejarse, como la mayor parte de los maestros, Fortini ideó un nuevo modo de educación que llamó Campamento, aunque era mucho más que eso.

Tuvo oportunidad de ensayar sus ideas en la "Escuela Apostólica", especie de seminario menor jesuita donde alcanzó un éxito rotundo.

Luego los superiores le encargarían la misión casi exclusiva de su vida: ser Capellán del Liceo Militar "General San Martín".

Ingresó al Liceo en el año 1954; año muy difícil igual que el siguiente cuando se desató una persecución religiosa. Fortini estuvo preso algunos días con otros sacerdotes jesuitas.

En los primeros diecisiete años de su capellanía en el Liceo fue también profesor de Física en 4º año del Colegio del Salvador. Esto le permitía contar con las instalaciones del Colegio para atender a los cadetes y a sus familiares y amigos durante los fines de semana.

En el año 1957 fundó la agrupación Juvenil de Montaña que comenzó organizando campamentos dirigidos a jóvenes y adolescentes a quienes no sólo les brindaba las instalaciones sino el afecto y la formación religiosa.

Hacia comienzos de la década de 1970 se mudó con el Hermano Miquelino a un departamento que le facilitó el señor Carlos Samaría en los pisos superiores de la Ortopedia Alemana en la calle Montevideo 879 donde continuó atendiendo a los cadetes y ex cadetes hasta su muerte.

En los más de cuarenta años que trabajó en el Liceo pasó por etapas benéficas y fecundas y por otras de graves dificultades y aun de persecuciones. Ello dependía de la situación general del país y de las situaciones particulares del Ejército y de las autoridades siempre pasajeras del Liceo.

Los episodios de los años 54 y 55, los desencuentros de facciones del Ejército "azules" y "colorados", "carapintadas", etc., hicieron sufrir mucho al Padre que tenía discípulos ubicados en ambos bandos. También fueron motivo de zozobra la guerra subversiva porque el Liceo fue atacado varias veces y la guerra de las Malvinas a la cual quiso ir pero no se lo permitieron por razones de edad.

En general, los períodos más felices pasados en el Liceo fueron durante las gestiones de los Coroneles Pujol Ricci, Pelejero, Risso Patrón, Mantegazza y Schaller. No mencionaré a sus perseguidores. De todos modos, para bien o para mal, las autoridades cambiaban cada dos años y había que comenzar de nuevo.

Con respecto a los agravios, ofensas, y desconsideraciones que el Padre Fortini sufrió en los años de apostolado, el Padre Alfredo Sáenz S.J. en su homilía del 1º de mayo[1] nos recordaba esta distinción verdaderamente sobrenatural que hacía nuestro amigo: absorber y soportar las ofensas que iban dirigidas a su persona y rechazar enérgicamente las que fueran contra la integridad moral de los jóvenes o el honor de Jesucristo y de su Iglesia.

Nosotros podemos añadir que con respecto a los beneficios y apoyos que también recibió, hacía una distinción simétrica: rechazar todas las atenciones personales, aun las que correspondían a su salud y ancianidad, y aceptar las que se podían derivar a su obra.

Todos los que querían hacerle un favor personal en orden a su salud o a su bienestar encontraban en él el principal obstáculo.

2. La labor pastoral en el Liceo

Fue muy difícil trabajar en el Liceo porque era un sistema totalmente estructurado con distintas actividades que siempre

---

1   SÁENZ, ALFREDO SJ, *Homilía de la Misa de difuntos del P. Fortini SJ*, Iglesia del Salvador, Buenos Aires, 1º de marzo de 2002.

estaban bajo el control de una autoridad que no era el Capellán: el oficial instructor, el profesor, el preceptor.

Del Capellán sólo se esperaba que estuviera presente en una ceremonia y recibiese algún feligrés necesitado de auxilio en los pocos momentos libres que dejaba el horario.

Fortini fue poco a poco dando lugar a la formación religiosa totalmente fuera de la planificación oficial, al principio y durante sus primeros veinte años.

Sus actividades que aquí solo enunciaremos y desarrollaremos después en el libro sobre la Formación de la Juventud, eran:

a) La Santa Misa. Era el centro de la vida religiosa del Liceo.

b) Las pláticas. Era el género en el que se destacaba el Padre quien las consideraba esenciales para la Doctrina.

c) Clases de Formación religiosa.

d) El pensamiento espiritual al acostarse.

e) La oración colectiva de los cadetes. Se volvía así a una antigua práctica belgraniana y sanmartiniana.

f) Confesiones.

g) Los retiros espirituales. Eran retiros ignacianos.

h) Peregrinación anual a Luján.

i) La enseñanza por ósmosis. Que surgía de la convivencia de los alumnos con el Padre.

Todas estas actividades las explicaremos como dijimos en el libro específico sobre la formación de los jóvenes; pero las dos que siguen, la labor de los capellanes auxiliares y el plan de visitas destacadas las ubicaré en este sitio por su importancia para la biografía del Padre.

j) Los capellanes auxiliares. Fortini no fue destinado a uno de los tantos colegios de la Compañía, sino extramuros en un lugar no administrado por la Iglesia. Debió "romper ambiente" si no adverso, por lo menos indiferente. La "propuesta" que acabamos de describir tuvo una respuesta formidable, generó una gran demanda de atención religiosa y los cadetes se quejaban de que no los atendía y que prefería a los del "campamento". El hecho es que Fortini no daba abasto. Eran mil cien cadetes de los cuales por lo menos ochocientos requerían alguna atención. Además estaban los oficiales, los suboficiales, los soldados, los empleados civiles y sus familias. Por ello el Padre convocó a otros sacerdotes para atender la demanda creciente, lo que también significaba compartir generosamente el campo de apostolado que había abierto.

En primer lugar recurrió a los jesuitas. El Padre Oscar Varangot S.J. fue capellán auxiliar durante muchos años y los jóvenes sacerdotes y seminaristas cursantes de Teología del Colegio Máximo, concurrirían a atender ese pedazo del reino de Dios encomendado a Fortini. De esa época remota recuerdo al Padre Miguel Petty S.J. que llegaría a ser Rector de la Universidad Católica de Córdoba, el Padre Luxorio Ruiz Bilbao, el Padre Alfredo Sáenz, que debió viajar a Roma para hacer sus doctorados.

El sacerdote que más apreció Fortini como colaborador discreto, abnegado y leal fue el Padre Luis Rodrigo pero también debió viajar a Roma. Hubo además otros numerosos sacerdotes que iban habitualmente.

k) Visitas importantes. Otro método usado por Fortini para contribuir a la formación de los jóvenes, fue llevar visitas importantes para dar conferencias. Aprovechando así la presencia en Buenos Aires de alguna personalidad singular.

Cierto día llegó un misionero jesuita que había estado en Japón, en las afueras de Hiroshima, cuando cayó la bomba atómica. El sacerdote narró cómo curó a los primeros sobrevivientes que venían quemados. Se trataba del Padre Pedro Arrupe, que con el tiempo sería el General de los jesuitas.

Otra vez conocimos al Padre Narciso Irala S.J., misionero en China que vino a presentar el extraordinario libro: *Control cerebral y emocional.*

La conversación posterior sobre sus peripecias en China bajo la ocupación japonesa y luego bajo la tiranía comunista de Mao, que para él era una figura del Anticristo, no fue menos apasionante, sobre todo cuando a raíz de su libro recibió la consulta de Harry Salomon Truman...

Esto abría las perspectivas de los alumnos internos de un Liceo de un suburbio de Buenos Aires, haciéndolos sentir con la Iglesia Universal. También llevó al Liceo numerosos profesores universitarios laicos.

Cierta vez llegó al Liceo invitado por el Director, el filósofo español Ferrater Mora. Hizo una exposición sobre la convivencia y la tolerancia en términos de subjetivismo y relativismo moral. Al concluir su exposición se autorizó a los cadetes a hacer preguntas o comentarios. Grande fue su sorpresa al ser rebatido con el argumento de que "si no hay verdad objetiva se impone siempre la tiranía, porque como no hay más remedio que convivir, prevalece como norma común el subjetivismo del más fuerte".

El filósofo le comentó al Director: "Lo felicito ¡Qué buena formación tienen y con qué libertad se expresan!"

3. Sacrificio y fecundidad apostólica

3.1. El ermitaño y misionero

Fortini tenía, según la tradición de la Iglesia, por lo menos tres conceptos de la palabra mundo: el mundo como "Creación" que era obra de Dios y era bueno aunque herido por el pecado; el mundo como "género humano" que era el motivo del amor y la redención cristiana y el mundo como conjunto de ideas y acciones anticristianas que era uno de los tres enemigos del alma. Por tanto, había que estar conectado con la Creación y con el género humano para cumplir el mandato divino de evangelizar y al mismo tiempo había que aislarse del mundo "enemigo". Esto le dio un perfil único de misionero y ermitaño. Misionero en el Liceo y ermitaño en las habitaciones que le daba su amigo Carlos Samaría en el lugar que él llamó Hogar San José.

Si bien el Padre Fortini era generalmente muy afable, generoso, entusiasta y buen amigo tenía dos características que reforzaban el aspecto huraño de su dimensión ermitaña: Las vehemencias y lo que él llamaba la falta de diplomacia:

a) Las vehemencias

Eran unos enojos fuertes ante las faltas de los jóvenes, que le surgían en el campamento, nunca en el Liceo. En el Liceo conseguía cumplir con la gradación de intensidad que deben tener las correcciones: "si basta una mirada no digas una palabra, si basta una palabra no des un grito, si basta un grito no...", etc. En cambio, en el Campamento escalaba directamente al grito destemplado y único, sin atenuantes y sin agravantes, y un chico que estaba manejando mal un hacha y se podía cortar el pie, un montón de atropellados que subían abruptamente a la lancha y se ponían de un solo lado, uno que encendía fuego en el bosque sin autorización y encima olvidaba apagarlo bien ("hasta hacer barro"), uno que se demoraba en la ducha sin importarle consumir toda el agua caliente, etc., producía un grito estentóreo, un formidable "do" de pecho. Alguna vez me confesó que se avergonzaba de las vehemencias:

- ¡Qué lejos estoy del carácter ideal que propugno como modelo formativo!

Yo ahora soy indulgente con esta peculiaridad del Padre (no quiero llamarla defecto). Hay que considerar la situación de un papá con sesenta adolescentes y jóvenes en vacaciones.

b) La falta de diplomacia

Fortini eludía todo lo que podía ser "hacer sociales". Escapaba sistemáticamente a cualquier circunstancia que le pudiera servir para obtener una ventaja personal y era muy directo en sus apreciaciones que no admitían dos interpretaciones. Esto último producía choques.

Pero a pesar de todo lo que hizo para huir de lo mundano, aun del "mundo eclesiástico", el hombre superior no se puede ocultar.

Cierta vez estando en campamento le avisaron "extraoficialmente" que el Cardenal Caggiano que estaba de vacaciones en Bariloche le iba a hacer una visita de sorpresa. Fortini tenía preparada una travesía y no la interrumpió. Este episodio se repitió al año siguiente. La tercera vez fue la vencida, porque el Cardenal se anunció oficialmente. Monseñor Doctor Antonio Caggiano, Arzobispo de Buenos Aires, Primado de la Argentina, Obispo para las Iglesias Orientales, Vicario Castrense, llegó por fin al Arroyo de la Virgen; lo acompañaba el obispo auxiliar Ernesto Segura, el Secretario del Episcopado Monseñor Marcone y el asesor de la Nunciatura Monseñor Magliocco. El Cardenal recorrió el campamento y a la hora estaba cantando "Vecchio Scarpone" con los miembros de la Agrupación Juvenil de Montaña. Luego de impartir la Bendición le manifestó a Fortini:

– ¡Si fuera más joven vendría al campamento!

Con posterioridad a ese viaje del Cardenal Caggiano se le ofreció a Fortini tres veces ser capellán del Colegio Militar y tres veces lo rechazó, aunque implicaba un "ascenso". La última vez el rechazo tuvo mayor contundencia, por cuanto le manifestaron que era la antesala para ser obispo castrense. Finalmente, luego de varios intentos, el Padre Martina sería designado capellán del Colegio y llegaría a ser obispo.

El sucesor del Cardenal Caggiano como Vicario Castrense, Monseñor Tortolo, Arzobispo de Paraná y Presidente del Episcopado, sacaría provecho del descubrimiento de su antecesor. Dispuso que su seminario hiciera "Campamento" y él mismo asistió varios años.

A partir de ese momento, Fortini no sólo recibía a los cadetes del Liceo y a los alumnos del Colegio del Salvador sino también a los integrantes de varios seminarios. El de Paraná, el de San Rafael, el de un nuevo instituto que se llamaba el Verbo Encarnado. Posiblemente, los rectores de esos institutos querían que, además de aprovechar el campamento, los seminaristas se beneficiaran conociendo un modelo excelente de sacerdote. Con ese mismo objeto el Padre Alfredo Sáenz S.J. le dedicó su libro In

Persona Christi: *"Dedico... al Padre Atilio Fortini, admirable forjador de jóvenes militantes, que me ha honrado con su amistad y acompañado con sus consejos".*

También había campamentos familiares y de colegios de huérfanos o discapacitados. La generosidad del Padre no tenía límites.

Fue durante la época de Monseñor Tortolo como Vicario Castrense cuando se incluyeron en la formación oficial del Liceo las actividades que durante veinticinco años, Fortini había realizado en forma "tolerada". Pláticas, clases de religión, semana religiosa, retiros espirituales, etc.

Tomado en sí mismo, el estilo directo de Fortini, su huida del mundo cortesano, "su falta de diplomacia" puede ser visto como poco urbano. Pero los seres excepcionales suelen ser un signo de Dios para interpelar a una época demasiado trepadora. Así como la pobreza de San Francisco, aislada del contexto, puede ser considerada demasiado "singular", en el mismo sentido Fortini es un signo contra un mal de nuestro tiempo: el carrerismo. Frente a una seudodirigencia que parece no conocer sus límites ni sus responsabilidades y se encarama impúdicamente sobre los escombros de las instituciones que debían haber servido. Así tenemos empresarios prósperos con empresas quebradas, sindicalistas opulentos con legiones de desempleados, profesores de nota con una juventud cada vez más ignorante, generales victoriosos y aun histriónicos con ejércitos derrotados, secretarios de seguridad con un país en manos de criminales y obispos mediáticos políticamente correctos y democráticamente santos en medio de "la gran apostasía". Piden perdón como una forma de criminalizar a la Iglesia de Cristo para obtener la "santidad democrática". Cristo hizo al revés: se hizo "pecado" para limpiar a la humanidad.

3.2. La cruz

Si Fortini estaba dispuesto a renunciar a los ascensos, no lo estaba a abandonar su puesto de combate y servicio en el Liceo. El Liceo era su corona; sería pues su corona de espinas.

Cierta vez fue citado por un director para una reunión con profesores donde se impartirían nuevas orientaciones en materia de educación sexual. El disertante se expidió sobre la necesidad de repartir preservativos y justificó el onanismo. Fortini le explicó lo destructivo que era esa costumbre si se arraigaba en los jóvenes y además que en el ambiente moral del Liceo que era muy alto no era necesario ese tipo de educación. Como el personaje insistiese Fortini le replicó: *"El que defiende un pecado lo comete o lo piensa cometer"*.

A partir de ese momento comenzaron las maniobras para desplazar a un capellán tan anticuado. Se pensó en jubilarlo y así se hizo. Pero el Vicariato castrense, sabiendo que eso era la muerte de Fortini, lo nombró capellán accidental (Decreto N° 1556/86). Tenía pues dos capellanes el Liceo: el nuevo titular, Padre Jerónimo Fernández Rizzo, y el accidental, Padre Fortini; vinieron así dos años fecundos y plenos. Luego, como quisieron usar al "nuevo" para desplazar al "viejo", el nuevo que era un caballero, renunció para no ser utilizado. Fortini quedó a cargo de la capellanía dos años más, que fueron los mejores; estaba al frente del Liceo un gran soldado, el Coronel Mantegazza. Pero Fortini repitiendo a Solzhenitsin dijo: "siempre encontrarán verdugos".

Llegó al fin el capellán "moderno" dispuesto a establecer el cristianismo *Light*. No mencionaré su nombre.

El personaje consintió que se destruyese la obra de Fortini delante de sus ojos.

La misa semanal libre, que era el centro de la vida del Liceo, fue desplazada al domingo cuando los cadetes no estaban, las pláticas clausuradas, los retiros espirituales ignacianos transformados en acampadas sensibleras que se basaban en el sentimentalismo y no en la inteligencia, los profesores de religión cambiados por otros (puestos sin el acuerdo de la autoridad religiosa pero con el visto bueno de Judas).

El "moderno" tenía costumbres equívocas, no respetaba el pudor, ridiculizaba al antiguo capellán, se paraba sobre el altar, hablaba de sus autores predilectos de rock en las misas, y se introducía en los dormitorios a la hora de las duchas... Era "piola" ("y algo más"). El efecto que produjo fue contraproducente pues era visto como un traidor por los cadetes y como un peligro por los oficiales.

Había pues que expulsar al "testigo", por más nombramiento del obispo como "capellán accidental" que tuviese; se le encomendó a Judas crear un incidente expulsivo definitivo.

Un informe de algunos padres de cadetes al obispo castrense nos resume el incidente:

Resumen de la cuestión

> *No hay dos Padres que "se pelean". Hay un Padre nuevo que se caracterizó desde el primer día en su afán de ridiculizar al Padre Fortini cada vez que hablaba a las Compañías. El Padre Fortini no respondió a esos agravios, por tanto no se puede hablar de peleas entre dos personas.*

> *Este nuevo Padre en un solo día cometió 4 actos de violencia contra el Padre Fortini.*
>
> *Le atrancó la Sacristía de la Capilla impidiéndole la entrada a un lugar al que tiene derecho por su condición de Capellán.*
>
> *Le sustrajo el hábito y ornamentos de la Misa personales metiéndolos en una bolsa de residuos.*
>
> *Le sustrajo a continuación el saco con dinero y documentos guardándolos donde quiso y bajo llave y guardándose la llave.*
>
> *Le puso la mano encima el mismo día, corriendo tras él y de sorpresa y gritándole ¡Satanás... Satanás!*
>
> *No hay dos Padres que se pelean: hay un Padre radicalizado "progresista", que además de haber logrado su propósito de eliminar al Padre Fortini del Liceo, está destruyendo el ambiente religioso del Liceo formado a través de una labor de treinta y cinco años.*
>
> 17 de mayo de 1989

Luego del incidente *"ad-hoc"* el Coronel Roberto Obdulio Godoy prohibió la entrada al Liceo del Padre Fortini.

Fortini fue caminando varias cuadras hasta la estación de Villa Ballester. Era de noche. Empezó a sentir un dolor fuerte en el pecho y debió sentarse. Los trenes llegaban y partían y no se podía incorporar. Era la hora de las tinieblas. La desconsideración, la ingratitud y los agravios contra su persona, estaba acostumbrado a ofrecerlos a Cristo; pero empezaron a pasar por su mente todos los acontecimientos traumáticos de los últimos cincuenta años:

La terrible guerra subversiva, la guerra de las Malvinas durante la cual murieron amigos y conocidos, excadetes suyos y la peor de las guerras, la guerra contracultural gramsciana contra la cual ni la sociedad, ni el ejército, ni pareciera que la misma Iglesia, estaban preparados para actuar. Criminales y malas mujeres sacados de las cárceles y los prostíbulos, para cubrir los cargos públicos, ladrones que odian al pueblo, a su identidad y a sus tradiciones llenándose los bolsillos mientras cacarean "democracia", subversivos vueltos al país disfrazados de gerentes de la banca mundial saqueando la economía, el comandante supremo de las Fuerzas Armadas encaramándose en el púlpito del obispo castrense. La hemorragia digestiva subsecuente del obispo Medina mantenida en secreto.

La campaña de desprestigio contra todas las instituciones. El cultivo de un conflicto interno en el Ejército hecho por el poder político para destruirlo, sus discípulos enfrentados. Todas las confesiones oídas durante cuarenta años cayendo de golpe sobre su conciencia de hombre íntegro. Los jóvenes en manos de educadores que no sólo no estaban educados sino que ni siquiera eran personas decentes. Y, lo peor de todo, el misterio de iniquidad operando dentro de la misma Iglesia. El ataque a La Tablada instigado por un cura. El odio en el corazón del sacerdote.

Decidió perdonarlos a ambos, al perseguidor y a Judas.

- ¡Le pedí a Dios que no los maldiga!

Al fin se incorporó y pudo tomar el tren no supo cómo. Ocho meses después lo operaba el Doctor Favaloro en el Sanatorio Güemes por un problema de coronarias; al hacerle los análisis se diagnosticó que había tenido un infarto y lo había pasado de pie.

A partir del momento del ultraje, el corazón del Padre fue un corazón herido. Esto le permitió conocer mejor la devoción al Sagrado Corazón:

- El Sagrado Corazón significa la Pasión de Cristo, por dentro -me dijo.

Judas duraría unas semanas más en el Liceo con el apoyo del Director. Debió renunciar a raíz de una denuncia hecha por un cadete de cuarto año por otra situación bochornosa.

4. En la Casa San José. Su Amistad con el Padre Bergoglio futuro Papa Francisco

El Padre Fortini junto con el Padre Pesti y el hermano Miquelino habían conseguido que el Provincial de los Jesuitas los autorice a vivir en una residencia que les facilitaba su gran amigo Carlos Samaría, propietario de la Ortopedia Alemana. Situada en la calle Montevideo 879 de la ciudad de Buenos Aires. La comunidad se establecía en el último piso y muchas veces la Ortopedia le facilitaba otros salones para reuniones de la Agrupación Juvenil de Montaña y de otras labores apostólicas de la pequeña comunidad.

Quisieron llamar a la residencia, Residencia San José.

En ella Fortini recibía los fines de semana a cadetes y excadetes del Liceo Militar, alumnos y exalumnos del Colegio Salvador y los atendía pastoralmente. Regularmente lo visitaban los superiores de la orden jesuita, entre ellos el Padre Jorge Mario Bergoglio durante una época provincial y luego Arzobispo de Buenos Aires, que se atendía en la Ortopedia.

Ya como Arzobispo, las visitas al Padre Fortini eran por amistad. En realidad tenían muchos puntos en común: Eran descendientes de inmigrantes del norte de Italia, habían entrado grandes a la compañía como estudiantes universitarios o terciarios, tenían otro conocimiento del mundo y otra formación anterior en las ciencias llamadas duras.

El Padre Bergoglio había sido técnico en química y el Padre Fortini en Física.

En esas reuniones solían hablar de los problemas de la Iglesia y del mundo y Fortini quedaba contento con la visita. Cierta vez, luego de que el Arzobispo de Buenos Aires Jorge Mario Bergoglio se hubiera retirado de la visita, por el año 2001, el Padre Fortini me dijo:

"Bergoglio me pidió que rece por él, está en una lucha muy grande y creo que Dios le ha encargado una misión muy importante. Yo no lo voy a ver, pero ustedes si lo van a ver y no puedo decir más".

"Dentro de los temas que hablamos sobre la situación del mundo me recordó la intervención del Padre Pedro Arrupe, General de la Compañía de Jesús en el Concilio Ecuménico que había denunciado el terrible peligro de una "estrategia perfectamente planeada que sigue una 'sociedad atea' que controla organizaciones mundiales en la finanza, el cinematógrafo, la radio y la prensa con el propósito de destruir a la Iglesia"

Acordaron entre ellos llamar a esa sociedad "La Fuerza X", luego me dio un recorte del diario La Prensa, de Buenos Aires, del 29-9-65, donde se hacía la referencia a la intervención de Arrupe en el Concilio. Y me dijo: "guardalo vos" [2].

5. El Reconocimiento del Liceo

El 29 de mayo de 1992, Día del Ejército, lo encontramos a Fortini en el Liceo, en medio de la Plaza de Armas, ante el Director Coronel Luis Armando Schaller y el cuerpo de Cadetes formado. El excadete Aníbal Soldani pronunció las siguientes palabras:

> El Liceo Militar quiere testimoniar en este día su reconocimiento a quien es su capellán desde hace nada menos que 38 años: el Padre Atilio Fortini.
>
> Y pues se me ha confiado el pronunciar estas palabras (que ofenderán, sin duda, la humildad del Padre Atilio), quiero exclamar ahora aquellas palabras que exclamó Jesús al conocer a Natanael: "¡He aquí un verdadero israelita, en quien no hay doblez!".
>
> Quienes algo hemos asimilado de nuestro paso por el Liceo entendemos que la formación de un oficial de reserva no puede ser otra cosa que la formación de un ser humano, aunque poniendo el acento en la adquisición de virtudes tales como el amor a la Patria, el honor personal y el de los símbolos, la fortaleza espiritual, la obediencia al superior, la lealtad al inferior y la fidelidad constante en el servicio.

---

2 Se acompaña como anexo I y II al fin de este libro la transcripción completa de la noticia del Diario "La Prensa" de Buenos Aires de fecha Martes 28 de septiembre de 1965, *"La Sociedad Sin Dios".* Fue Tema del Concilio. Refirióse a esta cuestión el general de la orden jesuita, como así mismo la repercusión del día siguiente y del día siguiente: *Inquietud por los conceptos del Pbro. Arrupe.*

Al decir ¡He aquí un verdadero israelita, en quien no hay doblez!, quiero significar: He aquí un hombre que en sus treinta y ocho años de Liceo se ha mostrado fiel a su destino y sin falsía en la práctica de las virtudes que ha enseñado a otros de palabra.

Los cadetes que han pasado algún verano con el Padre Fortini en Bariloche comprenderán el simbolismo de la montaña: la ascensión es dura como la vida, difícil como la virtud. Pero a los que perseveran en el esfuerzo se les concede el don de una cumbre inefable.

Es justamente ese sentido de gloria, de cumbre conquistada a un alto precio, de triunfo sobre sí mismo y sobre toda adversidad lo que el Padre Fortini ha enseñado, y no tan sólo con palabras, en estos treinta y ocho años de Liceo.

Acaso alguno de nosotros, personajes de tránsito entre estos muros, puede conocer mejor a estos jóvenes que este capellán.

En este Día del Ejército, honrar en un sacerdote las virtudes de un soldado no debe parecernos contradictorio: la mística para ambos se funda en la abnegación de sí mismo, aunque por diversos motivos: en uno es el amor de Dios y del prójimo, y en otro es el amor a la Patria. Por lo demás, el Padre Fortini pertenece desde hace cincunta años a la Compañía que fundara el soldado Ignacio de Loyola, cuando los conquistadores llegaban a América.

Querido Padre: Recuerdo sus visitas nocturnas a nuestra Compañía... Recuerdo sus historias repletas de vívidas imágenes al estilo de Saint Exupery... Recuerdo su cine documental sobre las maravillas de la naturaleza... Recuerdo sus piadosas oraciones cuando la muerte visitaba la familia de algún cadete... Recuerdo aquellas misas celebradas al alba cuando nos levantábamos con el último imaginaria: ¡Había algo de verdaderamente puro en todo aquello! Usted nos enseñaba: "Hoy celebramos con ornamentos rojos, por ser la festividad de un mártir".

En este Día del Ejército, la institución tiene quien le diga que no son absurdos ciertos ideales, menospreciados por la cultura del mero placer y del consumo. El Liceo tiene quien le diga que no es tan loco el Quijote, y que hay islas a las cuales solamente se llega hundiendo el propio barco, y cumbres que sólo se vencen, venciéndose a sí mismo.

El 28 de septiembre de 1998, el Padre Álvaro Restrepo S.J., Provincial de la Compañía de Jesús, le encomienda la misión de atender a los ex alumnos; esto le hizo un bien inmenso al Padre. Mientras tanto continuaba infatigable organizando los campamentos. A fines del año 1999, tendría el último sobresalto.

Estando en campamento con un grupo de discapacitados recibió un telegrama de desalojo por orden de la Jefatura del Estado Mayor.

Esa orden, que era ilegal, no se cumplió porque cambió el Jefe del Estado Mayor. Ahora el nuevo Jefe del Ejército era el Teniente General Ricardo Brinzoni que deseaba esperar qué resolvería el Congreso.

6. Reconocimiento del Congreso Argentino

Finalmente el 14 de noviembre de 2001, el Senado y la Cámara de Diputados de la Nación Argentina reunidos en Congreso sancionaron con fuerza de ley "Transferir a la Agrupación Juvenil de Montaña [fundada por el Padre Atilio César Fortini], el inmueble de propiedad del Estado Nacional sito en el Departamento de San Carlos de Bariloche con destino a las actividades sociales, deportivas, religiosas y culturales, para niños, jóvenes y adolescentes", Ley 25.228. En los fundamentos se decía:

> La agrupación Juvenil de Montaña Asociación Civil fue creada el 8 de diciembre de 1986 e inscripta por ante la Inspección General de Justicia mediante resolución I.G.J. 593 del 18 de septiembre de 1987.
>
> Sin embargo, sus actividades habían comenzado allá por el año 1957 por iniciativa del Padre Atilio César Fortini S.J. quien en esa época comenzó organizando campamentos dirigidos a jóvenes y adolescentes a quienes no sólo

les brindaba las instalaciones sino el afecto y la formación religiosa.

Con el transcurso del tiempo las precarias instalaciones fueron creciendo merced a la obra incansable del Padre Fortini y por el esfuerzo de muchos de aquellos jóvenes que, en su hora, habían concurrido a los primeros campamentos.

Así hoy, y gracias al esfuerzo del Padre Fortini y de todos los amigos que supo ganar a lo largo de su vida, el campamento cuenta con tres cabañas, una capilla, un muelle, un galpón y una usina.

Es por ello que ha llegado la hora de dotar a ese fruto del esfuerzo desinteresado de un marco jurídico que le brinde seguridad ya que, en este momento, el campamento se encuentra bajo la forma de tenencia precaria.

Por esas razones invitamos a nuestros pares a aprobar el presente proyecto.

En enero del año 2002, Fortini hizo su último campamento que dirigió el Dr. Gabriel Noriega. Se acercaba el fin.

7. *Dominus Flevit.* El Señor lloró

Las últimas preocupaciones del Padre Fortini fueron la Iglesia y la Patria.

Me llamó varias veces a fines del mes de abril preocupado por el sitio a la ciudad de Belén y, sobre todo, de la Basílica de la Navidad en cuya cercanía se encontraba un hogar de discapacitados atendido por un sacerdote del IVE, ex miembro de campamento.

También lo afligió de sobremanera la noticia que se esparció en esa fecha, de que se iba a pagar la deuda externa con territorio nacional.

Según refiere Mónica Sibila y la Señorita Irma Cianci, sus feligresas que lo asistieron en los últimos años de su vida, la postrer misa la ofreció por la Patria. Durante su transcurso se le quebró la voz de emoción ante la tragedia de nuestra nación.

8. Misión Pastoral. La despedida del P. Fortini, año 1988:[3]

"Cuando en el año 1942 redacté mi renuncia, en la Fábrica Militar de Aviones, aún no existía la Fuerza Aérea y pertenecíamos al Ejército, quise que constara el motivo de mi alejamiento en un lugar donde había puesto todos mis anhelos de llegar a ser un ingeniero aeronáutico de dicha fábrica. Le dije por tanto al empleado civil que escribiera: "para entrar en la Compañía de Jesús". Quedó desconcertado y a pesar de que había oído bien, me preguntó: ¿Para entrar en la Compañía de Luz...? No, le respondí, en la Compañía de Jesús.

Lejos estaba, en ese momento de pensar que volvería al Ejército pero con una función tan diferente a la de atender el instrumental aeronáutico: ser capelllán de un liceo militar.

Pasaron doce años y recién ordenado sacerdote me invitaron a concurrir por una tarde a confesar cadetes en el liceo militar General San Martín. Era un día de Mayo del año 1954; acepté a regañadientes pues tenía que estudiar, pero fuí... Esa tarde de Mayo de 1954 se prolongó sin interrupción y con exclusividad hasta el día en que esto escribo de Mayo de 1988.

Liceo militar General San Martín

---

3 Fortini, Atilio, *Misión Pastoral.* Ariel 1988.

Mi deseo de consagrar el sacerdocio a los jóvenes Dios lo aceptó y me hizo este regalo privilegiado para un sacerdote: tener una feligresía de mil jóvenes formándose a la vez en una escuela viril de tradición cristiana. Conocí a la mejor juventud... No faltaron la incertidumbre acerca del resultado o frutos del trabajo pastoral, de suerte que estuve tentado a veces de cambiar el Liceo por la Antártida... ni tampoco contrariedades y dificultades propias del quehacer entre humanos...

Procuré empezar cada año como si fuera el primero y el último, o sea, no decaer en el entusiasmo, rendir el máximo, no desperdiciar una nueva oportunidad que Dios me brindaba.

La tarea no se interrumpía con el receso escolar de las vacaciones, antes al contrario se intensificaba con una labor apasionante: los campamentos en la montaña, inspirados de que "hay que hacer la vida más amplia, más profunda, más arriesgada, más alegre". Así transcurrieron 34 campamentos. Entre los integrantes ya aparecen rostros semejantes a los que integraban los primeros campamentos; son sus hijos. Desfilan todos los años por el "vivac" del lago Moreno exintegrantes y se hace "historia": Padre, de mi promoción entramos en las FF.AA. 50 cadetes. Seis fueron al seminario. De los seis que fuimos a la aeronáutica quedamos solamente dos, los demás murieron en las Malvinas...

Salir a la calle y encontrarse con excadetes es lo frecuente. La pregunta invariable es ¿Cómo marcha el Liceo...? Es que las vivencias que se han grabado en la adolescencia no se borran jamás... Y como una respuesta a esa pregunta podemos con verdad decir, que el quincuagésimo aniversario encuentra al Liceo con una distinguida promoción de 5° año empeñada en colaborar en el mando para que en el Liceo haya bienestar, disciplina y espíritu.

9. La vuelta al Padre

El 30 de abril de 2002 falleció en Buenos Aires el Padre Atilio César Fortini, de la Compañía de Jesús, a los ochenta y cinco años de edad. El 1° de mayo, a las diez horas, los Padres de la Compañía celebraron la misa de cuerpo presente en la Iglesia del Salvador, presidida por el Padre Provincial, Álvaro Restrepo S.J.; el Padre Alfredo Saénz predicó una sentida homilía.

Luego los restos fueron trasladados a San Miguel, provincia de Buenos Aires, e inhumados en el cementerio contiguo al Colegio Máximo. El Padre Álvaro Restrepo S.J. presidió las exequias. Estaban presentes el Doctor Pablo Rodríguez Barnés, presidente de la Agrupación Juvenil de Montaña (A.J.M.), entidad cultural y educativa fundada por el Padre Fortini, y el Señor Carlos Samaría, titular de la Ortopedia Alemana y jefe del Hogar San José, que era la residencia del Padre Fortini.

Durante las exequias, pronuncié unas palabras que sirven de base a estas líneas.

Finalmente, los amigos y discípulos del Padre Fortini entonaron el *Salve Regina* como despedida. Al mismo tiempo el Padre Jorge Pliauser rezaba una misa por el Padre Fortini en la Capilla de la Sede de la Agrupación Juvenil de Montaña, en San Carlos de Bariloche.

Cómo decir, en pocas palabras, todo lo que significaba y significa el Padre Atilio César Fortini S.I.

La muerte siempre nos sorprende por más que la avanzada edad del Padre, su grave estado de salud y él mismo, con una sonrisa en los labios, lo venían anunciando.

Es que no estamos hechos para la muerte sino para la Vida, y después de Cristo, la muerte es sólo lo que divide la vida con minúscula de La Vida con mayúscula.

El mismo Padre Fortini nos deja en algunos lugares del pequeño libro *Metas,* ideario formativo de la Agrupación Juvenil de Montaña que él fundó, la respuesta a estos interrogantes:

a) En la **Oración del Jefe** donde está resumido el programa de su vida:

> *Señor y Gran Jefe Jesús,*
> *que a pesar de mi pequeñez me has elegido*
> *para ser jefe y custodio de mis hermanos,*

haz que mis palabras y mis ejemplos ayuden su
marcha en la senda de tu Ley:
que sepa indicarles tus divinas huellas en la Creación,
que pueda enseñarles sus deberes
y guiarlos de etapa en etapa hasta encontrarte a Ti,
que has ido a preparar para cada uno de nosotros,
allá en tu cielo, una morada eterna de alegría y paz.

b) Al *Arriar la Bandera*

Que el final de todas nuestras jornadas
nos encuentre siempre sin tacha en el alma,
para que al terminar la vida terrena,
se abra el sendero nuevo lleno de luz y alegría
que conduce a tus brazos paternales. Así sea.

10. El legado del Padre Fortini

El legado del Padre Fortini es un legado espiritual y por lo tanto, no se puede medir.

Podríamos decir que fue un estilo formativo que dio perfiles bastantes definidos de deportistas, de sabios, de sacerdotes y de héroes:

1) Dentro de su aporte *al montañismo,* como escuela formadora de hombres, debemos destacar que durante casi cincuenta años llevó a Bariloche miles de jóvenes que llenaron los libros de las cumbres de todos los cerros de Bariloche con la frase de Pío XII: *"Es preciso volver a educar en el amor de la montaña".* Muchos cóndores de oro y plata de la Escuela Militar de Alta Montaña del Ejército descubrieron su noble vocación cuando en su juventud comenzaron a practicarla y amarla en la A.J.M.

2) En el orden científico podemos referirnos a un profesor vitalicio de Harvard, autor de la "Teoría de las Cuerdas" y que reconoció que su reflexión sobre el orden y la belleza del universo había comenzado en campamento cuando Fortini explicó el Salmo 18: *"Los Cielos cantan la gloria de Dios",* que presenta la Creación como armonía.

3) En el orden religioso, Fortini permitía que en el conocimiento de Dios y de sí mismo muchos jóvenes descubrieran su vocación religiosa. Aunque nunca acaparó a esos muchachos para *"su obra",* muchos institutos religiosos se nutrieron de jóvenes formados por Fortini. En un artículo aparecido en la Revista Ariel del año 1988, Fortini recordaba la carta de un ex cadete: *"Padre, de mi promoción entramos a las FFAA, cincuenta cadetes, seis fueron al seminario. De los seis que fuimos a la Aeronáutica quedamos solamente dos, los demás murieron en Malvinas..."* Muschietti Molina nos recuerda sus nombres: *Allí quedaron otros liceanos que siguieron en él Ejército, como los capitanes Márquez y Martella. Ya antes habían ofrendado sus vidas otros Caídos en la Guerra contra la Subversión como el subteniente Massaferro en la batalla urbana de Formosa (5-X-75).*[4]

---

4 Muschietti Molina, Adolfo; *In Memoriam Reverendo Padre Atilio Fortini,* Cabildo 2002.

El padre Fortini confesando en el Patio Esquiu

4) Parafraseando al Teniente Primero Don Roberto Esteves, cuya famosa carta a su padre, en la víspera de su muerte en Malvinas, decía: *"Gracias por tenerte como modelo de bien nacido, gracias por creer en el honor, gracias por ser católico y argentino"*[5].

Considerando que es una carta de despedida de un hijo que va a morir en combate a su padre, nosotros que todavía debemos luchar en la vida, podemos firmarla y dirigirla al Padre Fortini que está en el Cielo.

5 La *carta de un héroe cristiano*, dirigida por Roberto Esteves a su padre, el P. Fortini la utilizaba, hay una brillante explicación de nuestro filósofo Alberto Caturelli que apareció en Gladius N° 5, 1986. Y según aparece en el Libro de las Bendiciones del P. Fortini que publicamos más adelante.

Concluyo con la oración del Padre Fortini al izar la bandera que es también su bendición:

> *Mientras la bandera se alza al cielo,*
> *nuestras almas se elevan a Ti, Rey absoluto y Padre de los hombres.*
> *Descienda sobre esta enseña,*
> *símbolo de nuestros más grandes amores,*
> *tu bendición omnipotente que proteja la heredad de la Patria,*
> *ilumine a sus gobernantes,*
> *fortalezca a sus soldados*
> *e inspire a todos nuestros hermanos argentinos una vida generosa y pura*
> *siempre orientada por tu gran mandamiento*
> *de amarte a Ti y amar al prójimo.*

II. CLAVE CRISTOCÉNTRICA DE LA VIDA Y DE LA OBRA DEL P. FORTINI [6]

El punto esencial de la verdad católica es la unión vital con Jesucristo.

Cristo vive y vive en nosotros. Vivifica nuestra existencia humana. No vive corporalmente en nosotros. Vive actuando en nuestra alma como un nuevo principio vital, como una nueva alma superior al alma humana. Produce en nosotros lo que llamamos vida sobrenatural o divina.

Esta presencia activa de Jesucristo en nosotros es eficaz en la medida que la libertad humana le da cabida. El que le da amplia cabida o aceptación traduce en su ser una imagen del mismo Jesucristo, es el santo. Es Cristo otra vez. Cristo de nuevo.

Esta es la vida cristiana: Cristo actuando en nosotros. Nosotros dejando actuar a Cristo.

De tal manera, permítaseme la expresión, es fundamental la injerencia del Señor en nuestra vida espiritual que San Pablo lo expresa en forma concluyente: "Mi vivir es Cristo y también: vivo yo, ya no yo, es Cristo que vive en mí".

A tal punto esta presencia es importante esta presencia operativa, dinámica, que sería una injusticia suponer que comparada con la presencia sacramental es menos presencia o menos poderosa.

Esto en lo relativo a la unión con Jesucristo.

---

6   Fortini, Atilio; Texto sin fecha en la *carpeta de Pláticas*

Hay otro aspecto, como derivado de este y está tomado de la enseñanza de S. Pablo es como el estribillo de la teología paulina, a saber: lo que ocurrió en Cristo, ocurre en los cristianos.

La vida del cristiano es participación en el destino de Cristo: vida pasión, muerte y resurrección. El destino de Jesucristo se realiza y se representa en la vida de cada cristiano El cristiano es una representación de Cristo.

Por el bautismo, la existencia de Adán desaparece para dar lugar a la existencia cristiana, vivificada por la acción de Cristo. Esta existencia en Cristo y por Cristo no tendrá una muerte miserable signada por la destrucción, sino orientada hacia la resurrección gloriosa...

Cuando fuimos bautizados nos signaron el pecho con la señal de la cruz; quería significar nuestra pertenencia a Cristo. Fuimos puestos bajo su bandera..., le pertenecemos. Esa bandera es la gloriosa cruz...Es la que define más profundamente a los hombres. Todo hombre queda configurado según su adhesión o repulsa a este estandarte. Ya lo dijo el anciano Simeón cuando Jesús fue presentado al templo por su Santísima Madre: Este está puesto como bandera de lucha, como El o contra Él.

San Pablo en su carta a los Gálatas expresa: "Lejos de mi el gloriarme si no es en la Cruz de mi Señor Jesucristo, por la cual yo soy para el mundo un crucificado y el mundo un crucificado para mi". Mostrando así la separación irreconciliable entre el mundo y el cristiano.

Mundo es en el sentido del Evangelio las fuerzas opuestas a Jesucristo. Las que se esfuerzan por derrotar a Jesucristo. Apagar su luz, su verdad, su caridad.

Nosotros sabemos que no podrán: "Tened confianza Yo he vencido al mundo". Este es grito de victoria del cristiano, el grito de nuestro Jefe. Debe acompañarnos en el bregar diario a veces tan difícil por lo rutinario y monótono, pero siempre valedero y permanente porque pasarán los cielos y la tierra pero, dijo el Señor: "mis palabras no pasarán". 'Las palabras' que deben acompañarnos en la lucha diaria: Tened confianza Yo he vencido al mundo..

III. LA OBRA PUBLICADA E INÉDITA DEL P. FORTINI

A. La Obra escrita

1. ***Metas.*** Debe mencionarse en primer lugar esta síntesis maravillosa del estilo educativo del P. Fortini con referencia al Campamento que ha tenido numerosas ediciones.
2. ***La estructura psíquica en el adolescente.*** Revista Mikael nro. 24, 1980, págs. 69 a 94.
3. ***La formación religiosa del joven.*** Gladius 8, págs. 125 a 130.
4. ***La Oración y el Rosario.*** Gladius 54. págs. 47 a 63.
5. ***Un muchacho.*** Revista Ariel 1972.
6. ***Misión Pastoral.*** Revista Ariel 1988.
7. ***Adiós, y un fuerte abrazo....*** Revista Ariel.

B. La Obra inédita.

Dispersa y fragmentaria, generalmente presentada en fichas temáticas que servían de base para ilustrar homilías, sermones, pláticas, clases. Tenían estas fichas muchas veces remisiones a citas marcadas en su biblioteca, por tanto, la reconstrucción del pensamiento del Padre requiere una gran labor crítica de ordenar por temas afines, poner explícita la arquitectura implícita, articular en partes y recuperar las citas. En ese sentido hemos agrupado su obra en ocho volúmenes. Los siete primeros son la organización del pensamiento del padre con algunos desarrollos a partir de las pautas dejadas por él. En el octavo referido a la Creación o la Naturaleza como jeroglífico divino, es más bien a partir de Fortini. Queda entonces la obra inédita organizada así:

I.   Libro primero. ***La vida en Cristo de un Capellán Castrense.*** **Cristo centro de la vida católica.**

II.   Libro segundo. ***Jesucristo en los Evangelios.*** Su historicidad. Edición preparada por Rafael Breide Obeid y anotada y comentada por el Padre Rubén A. Ederle (+), profesor de Sagrada Escritura.

III.   Libro Tercero. ***Oraciones para Soldados.***

IV.   Libro cuarto. ***El libro de las Bendiciones.***

V.   Libro quinto. ***La Educación de los Jóvenes.***

VI.   Libro sexto. ***El Campamento,*** un estilo de vida para formar la personalidad. Desarrollo del *Metas*.

VII.   Libro séptimo. ***Pláticas a los Jóvenes cristianos.***

VIII.   Libro octavo. ***La Creación como libro Divino.***

IV. ANEXO I.
DISCURSO DEL PADRE ARRUPE AL CONCILIO ECUMÉNICO

*"La Sociedad Sin Dios" fue tema del Concilio
Refirióse a esta cuestión el general de la orden jesuita*

La Prensa. Martes 28 de septiembre de 1965

Ciudad del Vaticano, 27 (UP). El presbítero Pedro Arrupe, general de la orden jesuita, formuló hoy la acusación de que hay una nueva y bien planificada "sociedad sin Dios" que tiene "casi un completo dominio" de las organizaciones internacionales, las finanzas y la prensa.

Arrupe, sacerdote español oriundo de Vizcaya, que a principios de año fue elegido general de la orden jesuita, pronunció sus palabras durante el debate de esta mañana en el Concilio Ecuménico sobre el aspecto del ateísmo en el documento relacionado con el papel de la Iglesia en el mundo moderno.

Una estrategia planeada

"Esta nueva sociedad sin Dios", dijo el padre Arrupe, "funciona de manera excepcionalmente eficiente, por lo menos en las altas esferas directivas, haciendo uso de todos los medios posibles o económicos", afirmó, para agregar:

"Se sigue una estrategia perfectamente planeada y tiene un casi completo dominio de las organizaciones internacionales, de los círculos financieros, de las comunicaciones, prensa, cine, radio y televisión".

El padre Arrupe, que estaba en la ciudad de Hiroshima cuando estalló allí la primera bomba atómica, fue comisionado por el papa Pablo VI para dirigir la lucha de la Iglesia contra el ateísmo.

El discurso del padre Arrupe, de tono singularmente fuerte, respecto de lo que parece ser una conspiración internacional a favor del ateísmo, causó sorpresa, sin embargo, así como gran consternación en los círculos del Concilio Ecuménico.

Expertos del Concilio que participaron en la conferencia de prensa ofrecida después de la sesión de hoy por un grupo de obispos de los Estados Unidos, afirmaron haber observado una absoluta falta de compostura usual entre los prelados norteamericanos ante la fuerte andanada del general de la orden jesuita.

"Visible desagrado"

Algunos de esos prelados expresaron su desacuerdo con las palabras de Arrupe y muchos acogieron el discurso "en silencio, con visible desagrado", según la opinión expuesta por monseñor George Higgins, del Departamento de Beneficencia de la Conferencia Nacional de Beneficencia Católica de los Estados Unidos.

El padre Arrupe dijo que "este mundo moderno pasa por alto a Dios cuando no trata de destruir la noción misma de la dignidad (divinidad)"[7] y añadió que "no solamente lleva a vías de hecho la lucha contra la ciudadela de Dios desde extramuros" sino que llega a atravesarlos para invadir el territorio propio de la ciudadela del Señor e influir insidiosamente en la mente de los creyentes, incluso de los sacerdotes y de los religiosos, envenenándoles el alma para producir su fruto natural en la Iglesia: el naturalismo, la falta de fe y la rebelión".

---

7 El paréntesis (divinidad) es nuestro, entendemos que se debe haber equivocado el periodista al transcribir. Pero de todos modos también tiene sentido entenderlo como "dignidad".

ANEXO II.

INQUIETUD POR LOS CONCEPTOS DEL PBRO. ARRUPE

Noticia de LA PRENSA

Ciudad del Vaticano, 28 (UP). Los círculos del Concilio Ecuménico se hallan todavía agitados por la denuncia hecha ayer por el superior general de la orden de los jesuitas, padre Pedro Arrupe, de que existe una "sociedad atea" que controla organizaciones mundiales en las finanzas, el cinematógrafo, la radio y la prensa.

Durante el debate que realiza el Concilio sobre "la Iglesia en el mundo moderno", el padre Arrupe, sacerdote vasco designado recientemente superior de los 36.000 jesuitas que integran la orden, hizo la denuncia de esa sociedad, que dijo, "opera de una manera extremadamente eficiente, por lo menos en sus más altos niveles".

El peligro del ateísmo

Los cargos del superior general de los jesuitas sacudieron los círculos del Concilio. El padre Arrupe dijo que esa sociedad "sin Dios" sigue una estrategia perfectamente planeada.

"Tiene un dominio casi completo sobre organizaciones internacionales, en los círculos financieros, en el terreno de las comunicaciones: prensa, radio, cinematógrafo y televisión", manifestó a los 2.500 prelados reunidos en la basílica de San Pedro.

Su Santidad el papa Paulo VI ordenó a los jesuitas en mayo último que libraran una batalla decidida contra el "temible peligro" del ateísmo; tanto de la "impiedad militante" del comunismo, como el ateísmo de los epicúreos de la sociedad opulenta.

El padre Arrupe sostuvo que la influencia del ateísmo llega hasta la misma Iglesia, "ejerciendo una influencia insidiosa en la mente de los creyentes (incluso de religiosos y sacerdotes) con oculto veneno que produce sus frutos lógicos: naturalismo, el ateísmo y la rebelión".

El padre Arrupe unió sus cargos a la queja de que la Iglesia "con sus inmensos tesoros de gracia y de verdad" está perdiendo su influencia por falta de planeamiento y coordinación".

Citó la estadística alarmante de que en cuatro años, desde 1961, el tanto por ciento de católicos en el mundo ha disminuido del 18 al 16 por ciento.

Algunos expertos del Concilio calificaron las declaraciones del padre Arrupe como "muy extremas", en tanto que otros dijeron que eran "confusas".

FOTOS

Logo A.J.M.

Padre Fortini

Sagrario Capilla A.J.M.

Celebrando misa

Campamento Cerro Navidad - Paseo

Refugio Piedritas R. Petricek

Campamento 1967 - Trabajo

Campamento 1967 - En la cumbre

Refugio

Refugio Coetus - Dormitorio P. Fortini

Padre Fortini y patrulleros levantando una cabaña

Primero de la fila P. Fortini - Paso Sweitzer

Pil

El P. Gallardo (Guri) celebrando misa en una cumbre de Tierra Santa

Cobertizo - Trabajo

Don Pedro Strukjel

Vista de la A.J.M. desde el Anti

Cabaña

Padre Fortini

Padre Fortini

Celebrando misa en la cumbre

El campamento en la actulidad

El campamento en la actulidad

El campamento en la actulidad

Lago Moreno visto desde el Refugio

Lago Moreno visto desde el Refugio

Cabaña vista en la noche

la AJM en peregrinación a Luján

LIBRO II

JESUCRISTO EN LOS EVANGELIOS

Su Historicidad.
Según los escritos del P. Atilio Fortini S.J.
con prólogo y notas del P. Rubén Alberto Ederle

Abreviaturas usadas

Act = Hechos de los Apóstoles

a.C. = antes de Cristo

AT = Antiguo Testamento

c. = capítulo

cc. = capítulos

Cfr. infra = confrontar abajo

Cfr. sopra = confrontar arriba

d.C. = después de Cristo

Ev. = Evangelio

Jn = Juan

Lc = Lucas

Mc = Marcos

Mt = Mateo

NT = Nuevo Testamento

op. cit. = opúsculo citado

p. = página

P.C.B. = Pontificia Comisión Bíblica

pp. = páginas

s. = siguiente

ss. = siguientes

v. = versículo

vv. = versículos

NOTA EDITORIAL

Tenemos el agrado de presentar en formato de libro estas sabrosas **Notas Bíblicas** que sobre la historicidad de Jesucristo y los Evangelios nos ha dejado el P.Atilio Fortini S.J. Para lo mismo, le hemos pedido al P.Rubén Alberto Ederle que las organice para este fin, como así también, que les diera un marco bíblico y editorial propios.

Además le hemos sugerido oportuno adjuntar algunas **Notas Complementarias** que permitan también al lector hacer un rápido recorrido por las distintas propuestas y o descubrimientos modernos o pistas de solución a algunas dificultades habituales, que nos vuelvan otra vez más cercanos a Jesucristo y a sus mismísimas palabras, a fin de que pueda ser la ciencia bíblica auxilio de la Fe y la sólida Fe complemento de esa ciencia. De hecho fue este el camino que siguieron siempre en la Iglesia los autores espirituales y comentadores de la Sagrada Escritura, desde los Padres de la Iglesia hasta nuestros días, que por ello pudieron legar a la posteridad sus sustanciosos estudios y comentarios.

El Padre Ederle culminó su trabajo en mayo del 2003 y dedicó la obra con amor filial a Su Santidad Juan Pablo II.

Esta obra es así fruto conjunto de ambos aportes.

Rafael L. Breide Obeid

PRÓLOGO

El Cardenal Joseph Ratzinger afirmó a los prelados del mundo reunidos para reflexionar sobre la misión del obispo en el Sínodo de los Obispos de Octubre de 2001, que "en nuestra cultura agnóstica y atea" la dificultad o **"el problema central de nuestro tiempo es que la figura histórica de Jesucristo ha sido vaciada de su sentido"**[1].

A los ojos del actual Prefecto de la Doctrina de la Fe es entonces éste el problema o dificultad fundamental que tiene que ver con nuestra crisis actual, y que incluye una crisis de Fe en la Iglesia. La causa está en la volatilidad con la que se considera los hechos y las palabras de Jesucristo referidos en los Evangelios, en la falta de consistencia de la historicidad de Jesucristo y de los Evangelios. Y ante esta situación -indica el Ratzinger- "tenemos que regresar con claridad al Jesús de los Evangelios, ya que sólo él es el auténtico Jesús histórico (cf. Jn 6,68)"[2]. Se trata de confesar la venida de Jesús en carne, ya que *"muchos seductores han salido al mundo, que no confiesan que Jesucristo ha venido en carne; este es el Seductor y el Anticristo"*(2 Jn 1,7), el que volatiliza la realidad de la "encarnación" del Hijo de Dios. "Para la fe que se basa en la Biblia, precisamente el realismo del acontecimiento es una exigencia constitutiva"[3].

---

[1] Card. RATZINGER Joseph, Prefecto de la Sagrada Congregación para la Doctrina de la Fe, intervención en el *Sínodo de los Obispos*, Roma, Octubre 2001, L'Osservatore Romano, Lengua Española, 10-Oct-2001, p. 20.

[2] Idem nota anterior. Ver pp. 135 y 136, nota 86.

[3] Card. RATZINGER Joseph, Prefecto de la Sagrada Congregación para la Doctrina de la Fe, *Ponencia del cardenal Joseph Ratzinger con ocasión de los cien años de la constitución de la Pontificia Comisión Bíblica*, Roma, 10-Mayo-2003.

Es sobre este punto capital que el P.Atilio Fortini S.J. apunta su gran Fe y su ciencia en este su trabajo que hoy prologamos y presentamos con gran agradecimiento eclesial. En estas notas que agrupamos con formato de libro, el autor ciertamente no piensa en si mismo, ni elenca dudas de fe ajenas y menos propias, sino que está repleto de aquel celo para convencer a otros del fundamento de esta Fe recibida que le arde dentro y que quiere poner al alcance de los demás.

Esta obra que tenemos en nuestras manos nace de la Fe de un alma creyente y eclesial. Y esta característica de su autor lejos de quitarle seriedad, le agrega gran valía. Es que el verdadero exégeta de los libros sagrados, si no quiere que se le escape el objeto de su análisis, no puede hacer abstracción de su Fe[4]. Pues son los Evangelios "Palabra de Dios" que el Señor pronunció por medio de hombres, pero sin perder su condición de "Vox Domini". De modo que quien en nombre de la ciencia, se acerca a las Sagradas Escrituras como si fueran sólo "palabras de hombres", tendrá una visión limitada de su objeto, pues su método de visión es limitado. Es como querer mirar las constelaciones con buenos anteojos, negándose al telescopio. La Fe es como el telescopio en este estudio, que me permite 'ver' más allá y con más precisión las estrellas de las verdades bíblicas y particularmente evangélicas. Es éste un presupuesto modernamente y en la práctica muchas veces pisoteado, por lo que consecuentemente después se erra en ciertas afirmaciones y conclusiones. De hecho –como refirió Juan Pablo II- en el campo de la interpretación bíblica las respuestas magisteriales de la Iglesia se dirigieron habitualmente al fondo del problema y "manifestaron siempre la fe de la Iglesia en el misterio de la Encarnación"[5].

---

[4] No se puede separar exégesis y Fe, ni "ciencia y teología". Cfr. COMISIÓN EPISCOPAL de FE y CULTURA, Conferencia Episcopal Argentina, *La Interpretación de las Sagradas Escrituras*, Oficina del Libro, Buenos Aires 1992, p.8.

[5] JUAN PABLO II, *Discurso sobre la Interpretación de la Biblia en la Iglesia*, Editorial San Pablo, Buenos Aires 1993, p.8. El discurso fue pronunciado originariamente en francés el 23 de abril del mismo año, con el sugestivo título: *"La interpretación auténtica de la Sagrada Escritura es de una importancia capital para la fe cristiana y para la vida de la Iglesia"*.

"La opinión según la cual la fe como tal no conoce absolutamente nada de los hechos históricos y debe dejar todo eso a los historiadores, es gnosticismo. Esa opinión desencarna la fe y la reduce a pura idea. En cambio, para la fe que se basa en la Biblia, precisamente el realismo del acontecimiento es una exigencia constitutiva. Un Dios que no puede intervenir en la historia y manifestarse en ella, no es el Dios de la Biblia. Por eso, la realidad del nacimiento de Jesús de la Virgen María, la efectiva institución de la Eucaristía por parte de Jesús en la última Cena, su resurrección corporal de entre los muertos -este es el significado del sepulcro vacío-, son elementos de la fe en cuanto tal, que esta puede y debe defender contra un presunto conocimiento histórico mejor"[6].

Estos principios de la Fe son dados casi naturalmente -pues están imbuidos en ellos- en el catecismo, en la tradición, en la homilía, en definitiva, en todo ambiente verdaderamente cristiano y católico. Y todo este entorno piadoso y espiritual entonces, no sólo no aparta de la ciencia bíblica auténtica, sino que además garantiza el recto camino de la investigación y colabora con ella. El autor de las presentes notas, tiene y viene de una sólida y seria formación cristiana, y por ello está imbuido de estos principios de la Fe que lo guían e iluminan constantemente. Además, y como riquísimo complemento, tiene una sólida y gran formación humana[7]. Tiene las cualidades necesarias para que la ciencia y la Fe anden hermanadas. En efecto, entre ciencia verdadera y Fe auténtica no puede haber real contradicción, tampoco simplemente igualdad, sino más bien complementariedad.

Es que *"la fe puede ser razonable y la razón puede estar abierta a la fe. Todo ello, naturalmente, vale en una medida sin comparación mucho mayor donde entra en juego el hombre mismo o donde se hace perceptible el misterio de Dios. Por tanto, fe y ciencia, Magisterio y exégesis no se contraponen ya como mundos*

---

[6]   Card. RATZINGER Joseph, Prefecto de la Sagrada Congregación para la Doctrina de la Fe, *Ponencia del cardenal Joseph Ratzinger con ocasión de los cien años de la constitución de la Pontificia Comisión Bíblica*, Roma, 10-Mayo-2003.

[7]   Cfr. BREIDE OBEID Rafael, *Revista Gladius 54*. Este y otros aspectos de la vida del P. Fortini, están en el Libro I de esta obra.

cerrados en sí mismos. La fe misma es un modo de conocer. Quererla marginar no produce la pura objetividad, sino que constituye la elección de un ángulo que excluye una perspectiva determinada y ya no quiere tener en cuenta las condiciones casuales del ángulo elegido"[8].

En esta obra se buscan y dan fundamentalmente entonces aquellos argumentos que ayudan a comprender y reafirmar la historicidad de los Hechos y Palabras Evangélicas, y esto recorriendo diversos caminos, ora más cercanos a la ciencia, ora más próximos a la Fe.

Pero la preocupación quizás capital de este trabajo está en poner al alcance de las almas deseosas de verdades trascendentes, las principales razones que tenemos los cristianos para "dar razón de nuestra Esperanza"(2Pe 1,5), dar razón de Jesucristo, que es más real que nosotros mismos, y del cual nos consta su indubitable existencia y que pasó y entró en nuestro tiempo y en nuestra historia. El camino ordinario para ello lo constituyen los cuatro Evangelios. De allí la importancia de presentar con toda la fuerza y simpleza su realidad, su veracidad, o como se dice en ámbitos de estudiosos, su historicidad. Y para ello, como dice la *Dei Verbum*, tenemos *"absoluta necesidad del método histórico como parte indispensable del trabajo exegético, pero luego también aparece la dimensión propiamente teológica de la interpretación, que es esencial, si ese libro (Evangelio) es algo más que palabra humana"*[9].

Así se retransita en esta obra –aunque sumariamente, pues se hace en forma de 'fichas'- el camino recorrido por el texto evangélico que leemos hoy en nuestras Iglesias y hogares, desde hace veinte Siglos. Y se habla también de las características de la Tradición y de los Evangelistas, que son en definitiva quienes con ayuda divina hicieron de puente entre Jesucristo y el texto

---

[8] Card. RATZINGER Joseph, Prefecto de la Sagrada Congregación para la Doctrina de la Fe, *Ponencia del cardenal Joseph Ratzinger con ocasión de los cien años de la constitución de la Pontificia Comisión Bíblica*, Roma, 10-Mayo-2003.

[9] Idem, nota anterior.

evangélico, texto que es a su vez el puente entre nosotros y dicha Realidad-Divino-Humana. Pero si bien, y como podrá comprobar el lector de estas páginas, este recorrido lo hace su autor con profunda Fe, lo hace también con pretensión y precisión científicas. Pues la Fe verdadera no obnubila ni opaca su ciencia, sino que le sirve de segura guía, ya que en "la interpretación de la Escritura, la fe tiene algo que decir"[10].

Este serio camino recorrido de ciencia y Fe, no puede sino producir una inconmovible adhesión a Cristo y a su obra, a los Evangelios, a la Iglesia, a las virtudes, a la gracia. Y una vez puesto este cimiento, es normal que se presenten los más variados argumentos directos o indirectos que corroboran, cada uno a su modo, esas certezas y realidades de esta tesis fundamental.

La preocupación principal de estas notas está entonces en darnos sumaria aunque suficientemente el camino y los numerosísimos testigos del texto evangélico que llega hasta nosotros íntegro y fiel para transmitirnos con veracidad lo que Jesús hizo y dijo "para nuestra salvación"[11]. La cantidad de testigos directos o indirectos del texto no tiene parangón con ninguna otra obra de la historia de la humanidad. Argumento indirecto aunque real de esta integridad y veracidad evangélicas está en el hecho de que quienes han intentado desmentirla hayan ido fracasando. Un buen ejemplo lo tenemos en lo que dice "Flavio José de Anás, juez de Cristo, que queda tan mal parado en los Evangelios, y vivió como para ver en el sumo sacerdocio a sus cinco hijos que no pudieron reprimir tampoco la enseñanza cristiana"[12]. Toda una familia dedicada a demostrar que eran fábulas el Hecho más importante de toda la historia de la humanidad, la irrupción del "Emanuel" (Mt 1,23), Hombre Dios, Dios con nosotros, en el tiempo y en la historia de los hombres. Pero el esfuerzo de toda esa poderosa familia judía fue en vano.

---

[10]   Idem nota anterior.

[11]   Cfr. CONCILIO VATICANO II, *Constitución Dei Verbum* ns.11-19.

[12]   Cfr. infra, pp. 122 y 123.

Nuestro autor es además un alma llena de amor al Evangelio y al fermento del Evangelio en la humanidad. Así razona comentando la expresión evangélica "por el fruto se conoce el árbol"(Mt 7,16). "¿Qué libros han producido en la humanidad frutos más copiosos y excelentes que los evangelios?"[13]. Y en otro lugar compara los frutos por un lado de la afirmación y por el otro de la negación de Jesucristo, verdadero Dios y verdadero Hombre presente en la historia y presentado en los Evangelios", llegando a conclusiones aplastantes[14].

Al P. Fortini le convencen la coherencia de vida, primero en Jesucristo, luego en sus predicadores y heraldos, de los cuales hemos recibido estos textos. Por ello le gusta remarcar aquello de Tertuliano: "Creo en testigos que dan la vida por aquello que proclaman". Y le gusta poner este argumento, como signo de genuinidad de los Evangelios[15].

Son frecuentes también las expresiones y humoradas frescas pero llenas de sentido al mejor estilo del P.Alberto Ignacio Ezcurra, quien también solía hablar de la osadía de algunos modernos sin fe o algo agnósticos al tomar en sus manos la Sagrada Escritura, aunque él lo dijera en alemán. A los científicos sin Fe les sucedería con los Evangelios lo que a aquel "niño, que quiso ir quitando capas a una cebolla para ver qué encontraría dentro, si un carozo, y al final se quedó sin nada"[16]. Así le pasa a muchos estudiosos de los textos sagrados que van sacando parte por parte lo supuestamente inauténtico, hasta que se quedan con un soplo invisible e intangible.

Además, como dice San Pablo, demasiada ciencia infla[17] y "demasiado estudio hace mal" (Ecco 12,12), y también ahueca. Así

---

[13] Cfr. infra, p. 123.

[14] Cfr. infra, capítulo 21.

[15] Cfr. infra "mueren por lo que afirman", p. 133 nota 79.

[16] Cfr. Riccioti, Vida de Jesucristo, p. 221. El P.Alberto Ezcurra solía hablar de la "Schule der Zwiebelkernessuche", esto es, de la "escuela de la búsqueda del carozo de la cebolla". Cfr. Revista MIKAEL, n° 13, p.132.

[17] "La ciencia hincha, el amor en cambio edifica" (1 Co 8,1).

detrás de algunos científicos bíblicos lo que muchas veces hay es precisamente lo contrario, esto es, un comportamiento acientífico. Se refiere por ejemplo a Harnack, paladín de la crítica racionalista, quien afirma que el aparato crítico de Fernando Bauer "carece de valor y es despreciable". "Parecería que uno que habla así debería aportar argumentos más valiosos, pero en la lucha contra la verdad todos se marean y se estrellan aunque tengan gran talento. Es que la pasión es patrimonio de todo hombre, pero ciega al que no se dispone con interna sinceridad"[18].

Y nada más lejano a estas páginas que llevan la impronta innegable del Padre Fortini y tienen sus características propias, que el comportamiento superficial o acientífico. Siempre se mueve con mente católica, sin miedos y abierto a la verdad. Y esto lo hace con naturalidad. Así y sin explicitarlo, considera el dogma católico de la inspiración bíblica y consecuentemente lo aplica[19].

Se formó en tiempos que los clérigos se comunicaban en latín. Por ello usa puntuales latinismos que en la medida que no compliquen la comprensión de estas notas, a personas menos acostumbrada a ellos, hemos dejado intactos.

Las citas, a veces no son literales, otras no pudimos cotejarlas, por falta de la bibliografía correspondiente.

Respetamos también sus acentuaciones estilísticas hechas a algunos textos, como por ejemplo escribir palabras o frases enteras con mayúsculas, o letras en negritas, etc.

Ya hablamos de la característica de apuntes o notas que presenta este trabajo. Por ello, a veces se acentúa una manera de escribir casi telegráfica, con frases cortas llenas de contenido, pues cada una de las mismas constituyen como un pequeño resumen que invitan a la reflexión, o a una explicación o al desarrollo; así por ejemplo cuando se describe a los Evangelistas Mateo o Lucas. En la medida de lo posible hemos respetado los medios que usó

---

[18] Cfr. infra, p. 131.

[19] Cfr. infra, nota 72, p. 91.

el P. Fortini para ello, como los puntos apartes y hasta un especial espaciado entre los párrafos o las frases[20]. En este último sentido este libro se parece bastante en su forma de agrupación de argumentos concisos a desarrollar, a los escritos de Antoine de Saint Exupery, en particular a su obra *Ciudadela,* pues se nos presenta como una serie de pensamientos muy serios y profundos, aunque aquí sobre la historicidad de Jesucristo y los Evangelios.

Estas páginas son de lectura amena, rápida y fácil. Creemos además que producirán muchos frutos. Estas notas tienen la característica de ser profundas y sencillas a la vez, y por ello las pueden fruir tanto letrados como neófitos. Tienen además el grandísimo valor de que quienes las lean fortalecerán su Fe en Jesucristo y los Evangelios, ya que como dijera Papini "ninguna otra colección de palabras es comparable con estas cuatro gavillas de trigo celestial, que desde hace setecientos millares de días alimenta y robustece a millones de almas"[21].

P. Rubén Alberto Ederle

---

[20] Capítulo 14, pp. 106-107.
[21] Cfr. infra, p. 123.

1. APROXIMACIÓN GENERAL AL TEMA DE ESTAS NOTAS

Jesucristo, al revés de los otros grandes personajes de la historia no escribió. Fue un predicador. Los Apóstoles siguiendo su ejemplo y mandato "Id por todo el mundo... **enseñándoles**" (Mt 28,19-20), hicieron lo mismo. Solamente cuando la propagación del cristianismo aumentó y se extendió por diversos países fue necesario asegurar la auténtica predicación de Jesucristo trasmitida por los Apóstoles; para lo cual transmitirla oralmente era mejor que escribirla. Cuando aparecen los primeros escritos de doctrina cristiana, la predicación oral estaba ya asentada, acreditada, conocida y bien definida[22]. Los escritos no son sino apuntes, si el término parece apto, ya personales como Mateo y Juan, ya de los oyentes directos como Marcos, oyente de Pedro y Lucas de Pablo[23].

Cuando Lucas escribe su Evangelio por los años 60-65, ya corrían escritos que consignaban la predicación oral. Hoy es casi unánime, aun entre los críticos católicos, el sentir de que hubo antes de los actuales Evangelios otros escritos similares.

San Juan escribe a fines del Siglo I, cuando ya los tres Evangelios eran conocidos en todo el mundo.

---

[22] Cfr. PONTIFICIA COMISIÓN BÍBLICA, *Instrucción Sancta Mater Eclesiae, Sobre la Verdad histórica de los Evangelios*, n°3.
Habría que recorrer y profundizar este camino de la tradición oral para entender la "fidelidad" con la que fue guardada la tradición que contenía los dichos y hechos del Señor. Quiero decir, no necesariamente la guarda de esta tradición se realizó mediante documentos escritos, como lo exige nuestra mentalidad moderna; este"entregar" y "recibir" de aquella tradición pudo hacerse oralmente y con mucha fidelidad. Quien recorrió parte de este camino fue JOUSSE, Marcel, *Etudes de Psychologie lingüistique. Le Style oral rythmique ete mnémotechnique chez les Verbomoteurs*, Ed. Beau-chesne, Paris 1925.
"Nosotros hemos intentado dar una respuesta a la cuestión del origen de la tradición de los Evangelios. Y nosotros tenemos que ver últimamente su origen en Jesús y su autoconciencia mesiánica. Jesús no es sólo el objeto de un posterior acto de fe –de la comunidad primitiva- que hace surgir y crecer una tradición oral y escrita, sino que como Mesías y Maestro, Jesús es el objeto y el sujeto de una autorizada y santa tradición de palabras que él mismo ha creado y confiado a sus discípulos para una posterior transmisión en la época que va desde su muerte a la parusía". Así concluye su seria investigación Harald RIESENFELD, *The Gospel Tradition and its Beginnigs*, Ed. Mowbray & Co., London 1957.

[23] Cfr. también el CONCILIO DE TRENTO, Dz. 783-785.

En el Siglo II aparecen otros escritos sobre Jesucristo compuestos por sectas o para regiones particulares. Los obispos ven la necesidad de controlar lo que se enseña acerca de Jesús, sea por escrito sea oralmente.

Esta inquietud se traduce con el tiempo en no admitir ya a partir del Siglo I, otros Evangelios más que los cuatro canónicos. Son los únicos que la Iglesia de Cristo bajo su responsabilidad, admite como auténticos y divinos. En una palabra, que responden fielmente a la tradición oral de Cristo y sus Apóstoles.

El tratado de Jesús-Legado y el de Iglesia, se fundan en las pruebas sobre la autenticidad y la veracidad de los Evangelios. Admitida la historicidad de Cristo, su autoridad y su palabra de Enviado divino y su mensaje se imponen al historiador y al filósofo.

2. LA HISTORICIDAD DE JESUCRISTO Y DE LOS EVANGELIOS

Los Evangelios son el documento histórico más inmediato y más completo sobre la existencia histórica de Jesús. Son los libros decisivos en la organización y vida practica del cristianismo.

Pero la humanidad antes de arrodillarse y creer en Jesucristo tiene derecho a asegurarse de sus fuentes históricas.

La lucha verdadera contra los Evangelios la desatan casi pioneramente los críticos alemanes en el Siglo XIX[24]. Tuvieron el atre-

---

[24] El Siglo XIX es fundamentalmente el Siglo y Alemania el lugar en donde se ven más crudamente "las consecuencias y conclusiones" a las que llevaron el libre examen y el racionalismo aplicado a la Sagrada Escritura. Pero las raíces y causas del proceso inmanentista remontan claramente a los autores de las aludidas tendencias teológicas y filosóficas.
En general se considera el concreto iniciador o "padre de la crítica moderna" a Richard Simón (†1712), católico oratoriano, con su obra *Histoire critique du texte des versinos et des commentateurs du Vieux Testament* (Paris 1678). A instancias de J.Bossuet, su obra es condenada y Simón es expulsado de la Congregación del Oratorio y se refugia en Holanda desde donde publica una nueva edición de la misma obra primero en francés (Ámsterdam 1680) y luego en latín (Ámsterdam 1681); y luego otras complementarias. En su obra duda del origen mosaico del Pentateuco, pone en tela de juicio la autenticidad de diversas partes de los libros sagrados, y hace demasiado hincapié en la interpretación literal histórica contra de la interpretación espiritual alegórica tradicionalmente privilegiada. Aplican los principios del racionalismo bíblico Baruc

vimiento de romper lanzas contra las tesis tradicionales. Esta situación tuvo sin embargo la gran virtud de abocar a los estudiosos católicos a pacientes investigaciones que dieron por resultado el descubrimiento de datos que confirmaron la enseñanza tradicional.

Doble aspecto de los Evangelios

Los Evangelios pueden ser abordados desde un doble punto de vista, el punto de vista humano y el punto de vista divino. En línea de máxima privilegia más el primero la Introducción a los libros del Antiguo y Nuevo Testamento; estudia más el segundo, la Exégesis Bíblica[25].

A su vez y por eso, la teología se basa en la exégesis; como a su vez la apologética lo hace en la introducción.

Para corroborar el valor humano de los Evangelios se requiere que conozcamos a sus autores. Y que ellos sean hombres íntegros, que hayan tenido ciencia, es decir conocimiento verdadero de lo narrado, y veracidad. Es desde el punto de vista humano que se requieren las siguientes notas:

Autenticidad

Integridad

Ciencia

Veracidad.

La primera nota, esto es la autenticidad, busca responder a los siguientes interrogantes: ¿Los Evangelios, fueron escritos por los autores a los cuales se les atribuye? Autenticidad es sinónimo entonces de genuinidad.

Es éste un arduo trabajo que se propone la crítica textual, ya que pretende demostrarnos la integridad de nuestros Evange-

---

Spinoza (†1677), G.E. Lessing (†1781), S.Reimarus (†1712), Juan Salomón Semler (†1791), F. Baur (†1860), D.F. Strauss (†1875), B.Bauer (†1888), E.Renan (†1892), Welhausen.

[25] Esta aseveración es verdadera, si se entiende "exégesis bíblica" como tradicionalmente se lo hizo, y no sólo restrictivamente como en la modernidad, que reserva la palabra exégesis para la interpretación moderna y en general cientificista de la Escritura.

lios. ¿Los tenemos después de veinte siglos tal como se escribieron? ¿Ha habido cambios o interpolaciones?

3. LA VERACIDAD DE LOS EVANGELIOS.

La ciencia estudia la historicidad de los Evangelios. Y también pertenece a ella la veracidad. A todas reafirma la Fe.

Es de destacar que los Evangelios tienen en este sentido una posición de privilegio respecto de cualquier otro documento de la antigüedad, ya sea romano o griego. Hay tal bagaje literario como ningún otro tiene. La tradición evangélica es una tradición:

pública

antiquísima

universal

invariable.

Pero no podemos obviar aquí la alusión al "dogma católico de la inspiración e inerrancia de las Sagradas Escrituras" [26]. Los Evangelios no pueden errar pues gozan de la cualidad de la inerrancia, que designa la verdad con ausencia de error. Y los Evangelios gozan de esta prerrogativa tanto de hecho como de derecho, pues en ellos no sólo no se encuentra de hecho ningún error sino que tampoco hay posibilidad de encontrar engaño alguno. Y esto es consecuencia inmediata de la inspiración divina de los evangelistas, "por lo que todo lo que el hagiógrafo (Evangelista) afirma, enuncia e insinúa, debe tenerse como afirmado, enunciado e insinuado por el Espíritu Santo"[27].

De esta manera, quien niega la inerrancia de los Evangelios, esto es, quien admite que nos refieren cosas falsas, niega que hayan sido escritos con la ayuda del mismo Dios, o lo que es peor, hace a Dios autor de engaños. Y esta es una regla que se aplica a todo el Evangelio. "Sería totalmente ilícito, ya el limitar la inspiración a

---

[26] Cfr. PONTIFICIA COMISIÓN BÍBLICA, Dz. 2180.

[27] Idem, nota anterior.

algunas partes de las Escrituras, ya el conceder que el autor sagrado (Evangelista) se haya engañado... Tan lejos está de todo error la inspiración divina, que no sólo excluye por sí misma todo error, sino que lo excluye y repudia tan necesariamente como necesariamente no puede Dios, soberana Verdad, ser autor de ningún error... Dedúcese de esto que aquellos que piensan que en los pasajes auténticos de los Libros Sagrados (Evangelios) pueda encerrarse alguna idea falsa, ciertamente pervierten la noción católica de la inspiración divina y hacen al mismo Dios autor de algún error"[28].

Y esta característica de inerrancia y veracidad de los Evangelios están máximamente presentes en los relatos históricos de la vida de Jesús. Si la historia es la maestra de la vida, esta regla encuentra en los Evangelios su aplicación máxima. Es que la historia de Jesús, es la base de nuestra Fe. Fe e historia se requieren mutuamente. Afirma el Cardenal Bea, que "la Fe y la historia lejos de oponerse, se sostienen y se confirman la una a la otra. La Fe postula y garantiza el máximo de verdad histórica". Los Evangelistas no sólo no quisieron referirnos de la historia de Jesús nada erróneo, sino que no narraron nada opuesto a la verdad, porque por la divina inspiración esto era imposible, con imposibilidad de hecho y de derecho: no cometieron errores ni pudieron cometerlos.

Y nada puede limitar la verdad histórica de nuestros Evangelios. Ni la oposición entre verdad griega y verdad semítica[29], ni la oposición entre historia religiosa e historia verdadera[30], ni la oposición entre juicio practico y juicio especulativo[31], ni la oposi-

---

[28] Cfr. LEON XIII, *Encíclica Providentissimus Deus*, Dz. 1950.

[29] Se trata de considerar a los Evangelistas como prisioneros de un narrar más libre que los hace desentenderse muchas veces de la veracidad de lo que refieren. Esta forma de hacer historia más oriental es indebidamente contrapuesta a la forma griega de hacerlo, más especulativa, objetiva y fría, y por lo tanto "verdadera".

[30] Para los que así hablan los Evangelistas serían unos piadosones, que con tal de mover el fervor religioso de sus oyentes o lectores, se habrían apartado algunas veces de la verdadera historia...

[31] Los Evangelistas no habrían entendido mal tal verdad o tal hecho -juicio especulativo- pero a veces habrían transmitido mal -juicio práctico- aquello que refieren; aunque todo esto sin mala intención...

ción entre el acto de enseñar y el contenido[32], ni la verdad para nuestra salvación y la que no lo es[33], ni la falta de estructura cronológica e historicidad técnica[34].

4. MANUSCRITOS Y TESTIMONIOS

Por ejemplo, la mención por primera vez de Heródoto en la historia se la encuentra 100 años después de su muerte en obras de Aristóteles. Luego hay un estridente silencio hasta 300 años después de su muerte, año en que lo menciona Cicerón...

En las bibliotecas de Europa, de todos los autores latinos no se conservan más de 30 manuscritos; que pertenezcan o hayan sido escritos en el Siglo IV.

A partir de ese Siglo I contando todos los autores, los códices unciales no pasan de 400.

De Virgilio, el poeta nacional romano, sólo se conservan 3 códices unciales.

De Cicerón, el documento más antiguo más o menos completo es del Siglo VIII, es el Vaticanus Basilicae Santi Petri.

Los Evangelios en cambio han venido por tres vías o clases diversas de documentos. Directamente, por los códices que suman unos 2.800. De ellos unos 250 unciales[35] o mayúsculos. Y de ellos 5, aunque alguno esté fragmentado, son del Siglo IV.

---

[32] Aquí se invierte la regla de la nota anterior, esto es el Evangelista habría referido con buen juicio práctico tal hecho o verdad histórica, pero tendría una falsa concepción del mismo, de modo que su enseñanza era buena, pero su contenido erróneo...

[33] Leemos en el CONCILIO VATICANO II, *Dei Verbum* n°11, que los Evangelios "enseñan sólida, fielmente y *sin error la verdad* que Dios quiso consignar en dichos libros *para nuestra salvación*". Algunos erróneamente hacen de este texto una comprensión restrictiva, esto es, entienden que los Evangelios transmiten verdad y están inmunes de error, sólo en lo que es para nuestra salvación...

[34] "Sería un error desminuir el valor histórico de estos relatos sólo porque les falta la estructura cronológica y la historicidad técnica que para nuestro pensamiento moderno constituyen requisitos indispensables de todo relato histórico" dice acertadamente LANG Albert, *Teología Fundamental*, t.1, p.212.

[35] Los Unciales o Mayúsculos se conocen y usan aproximadamente hasta el Siglo IX.

Existen además actualmente 50 papiros. El último recientemente encontrado es del Siglo II. Además existen los códices llamados leccionarios, algunos de los cuales reciben además el nombre de Evangeliarios. Estos en total suman unos 1609.

Las Versiones, corroboran indirectamente la historicidad.

Algunas de estas versiones son del Siglo II.

Citaciones de autores antiguos

Hay citas frecuentes y muy completas en autores del Siglo II y III. E incluso algunas en escritos del Siglo I.

El Evangelio es el libro que ha sido sometido a las más minuciosas pruebas. Ningún otro libro ha experimentado tantos "análisis".

Jesús nace en plena historia.

Buda viene al mundo en una época que no se puede localizar bien.

JESÚS nace en plena historia, cuando se conoce la historia de los acontecimientos del mundo. En tiempos del emperador Augusto nace y muere, y bajo el reinado de Tiberio.

Los Evangelios que describen su vida están escritos en lengua griega, la lengua internacional de aquel tiempo y la de los sabios[36]. Era la llamada *"h- koinh, dialectoj"*, o lengua griega vulgar, que era la realmente popularizada y extendida como lengua internacional.

Además la escritura uncial y la cursiva antiguas ordinariamente eran continuas, es decir, se escribían sin intervalo o separación de una palabra de otra. Los acentos y espíritus fueron inventados por los gramáticos alejandrinos en el Siglo II, pero recién se hicieron de uso corriente y constante hasta el Siglo VIII d.C. Ésta es la razón por la que en general faltan en los documentos más antiguos y en los mejores unciales. Cfr. PRATESI A., *Onciali e semionciale scritture*, en Enciclopedia Católica 9 (1952) 125-130.

[36] El único Evangelio no escrito originalmente en griego sino en arameo es el de Mateo, aunque hoy día sólo poseemos su versión griega, que goza de la autoridad del texto original perdido. La Iglesia recibió en su canon el Evangelio de Mateo en griego, que es nuestro original.

La época es de mucha cultura filosófica y literaria. La biblioteca de Alejandría, gran centro intelectual, tenía 700.000 volúmenes. Los literatos se preocupan de las ediciones críticas.

Hay un gran intercambio cultural. La colonia judía de Alejandría contaba 300.000 habitantes, sin contar los esclavos.

Los judíos de la diáspora conservaban contacto con Tierra Santa. Entre el Siglo III o II a. de C. se traduce al griego la Biblia, pues los judíos de la diáspora ya no hablaban ni conocían su lengua materna.

En Roma para el tiempo del nacimiento de Jesús había 8.000 judíos.

Conclusión: la patria de Jesús no era un rincón aislado del mundo civilizado.

5. LA HISTORIA CRÍTICA[37].

En la pura historia crítica las obras de testigos oculares o próximos, tienen especial carácter de autoridad.

La crítica racionalista dirigió todo su esfuerzo en demostrar que los Evangelios no eran obras del Siglo I, o por lo menos, que no eran de testigos presenciales u oculares. Hasta el Siglo XVIII nadie había dudado o negado a los autores de los Evangelios. El que empezó fue Eduardo Evanson (1792)[38].

---

[37] También aquí nótese el significado exacto de la expresión "Historia Crítica". No debe entenderse reductivamente sólo -como se suele hacer frecuentemente- reservada a los autores modernos y racionalistas. Historia crítica se usa aquí correctamente, como el camino que recorrieron diversos autores que estudiaron el comportamiento del texto evangélico reflejado en los distintos manuscritos, considerando consecuentemente sus variantes y su clasificación y posterior armonización. Los Principales autores que trabajaron en la redacción de la historia del texto griego del Nuevo Testamento son J.Mill (1707), J.J.Wetstein (1754), J.A.Bengel (1752), J.J.Griesbach (1805), J.M. Scholz (1852), C.Lachmann (1851), S.P.Tregles (1872), C.Tischendorf (1874), B.F.Westcott y J.A.Hort (1892), B.Weis (1905), Hermann von Soden (1914), Eberhard Nestle (1913), E.J. Vogels, A.Merk, P.José María Bover, entre otros.

[38] Cfr. sopra, nota 19, p. 81.

"Genuino", es el engendrado por el padre... Lo opuesto a genuino es espurio o adulterino. Auténtico es sinónimo de genuino, pero es de semántica griega. Con todo, por la etimología, genuino mira más al origen y auténtico más a la autoridad del libro.

Cuando el autor no es el que se presenta, la obra se llama falsificada. Como vemos, una obra puede ser espuria y no falsificada.

Los títulos actuales de los Evangelios no estaban desde un principio. O sea, no proceden de sus mismos autores. Pero ya en el Siglo II se los denominaba como lo hacemos ahora nosotros.

Así tenemos el famoso, *"kaka. Maqqai/on",* o kaka. Lukam. Kaka. con acusativo, en griego denota el autor. "Según Mateo", esto es que lo escribió San Mateo, "según Lucas", esto es que lo escribió San Lucas.

Método de estudio

Se advierten aquí dos grandes divisiones: antes del Siglo IV y después. La razón estriba en que después del Siglo IV es tan grande la cantidad de testimonios que no parece necesario darle primacía a una cosa indiscutible.

Desde el Siglo IV la tradición es inmutable e indiscutible hasta el Siglo XIX o fines del XVIII.

Examinaremos ahora o haremos revista de la idoneidad de los testimonios y autores que hablan de los Evangelios.

6. TESTIMONIOS DE LOS EVANGELIOS ANTERIORES AL SIGLO IV

Eusebio (250-339)

Es el padre de la historia de la Iglesia, es el historiador de Constantino el Grande. Pudo utilizar la biblioteca de 30.000 volúmenes de Cesarea. Él habla a menudo de ella. En ella se reunieron los mejores códices de la Iglesia Primitiva. La destruyeron los mahometanos en el año 638 d. de C.

Nació entre en la segunda mitad del Siglo III, murió en el 339. Conoció los documentos de los tres primeros siglos de la Iglesia en las bibliotecas de Jerusalén y Cesarea.

Los fragmentos transcriptos por él, revelan precisión y observación atenta. Coinciden en general perfectamente con fragmentos hallados modernamente y llegados a nosotros por otras vías. Por orden de Constantino se revisó el texto del Evangelio a fin de ponerlo de acuerdo con los códices más antiguos, esto es, ordenarlos por sus conconrdancias. Recibió también la orden de componer 50 ejemplares de la Biblia para distribuir en las Iglesias de la nueva capital. Apela al testimonio de la tradición de los Siglos II y III.

San Jerónimo

Quiere uniformar las traducciones latinas, contribuyendo a la uniformidad de lenguaje, y modo de narrar. Además de afirmar nuestra tesis, recoge datos sobre la vida de los cuatro autores de los Evangelios:

"El primero de todos es Mateo el publicano, por sobrenombre Leví, quién escribió el Evangelio en Judea y en hebreo.

El segundo es Marcos, intérprete del apóstol Pedro, el cual no vio personalmente al Señor, pero escribió lo que había oído predicar a su maestro.

El tercero es Lucas, el médico discípulo a su vez del apóstol Pablo.

El último fue Juan el Apóstol y Evangelista…".

Estando en Asia, y cuando ya pululaban las semillas de las herejías de Cerinto, Ebión y los demás que niegan la venida en carne del Cristo, fue obligado por casi todos los obispos que por entonces había en Asia y por muchas comisiones de las Iglesias a escribir más profundamente de la divinidad del Salvador.

Orígenes (185-254)

Constantino, Eusebio y Jerónimo distan más de 200 años del último Evangelio.

Orígenes nos da testimonio de las cosas entre los años 200-250 d. de C. Y además revela el sentir de las Iglesias entre los años 100-200 pues siempre apela al consentimiento unánime de las Iglesias y de la tradición que había recibido.

Como testigo es una figura colosal. Es el polígrafo más grande de toda la Iglesia antenicena. Su padre murió mártir y su madre tuvo que esconderle los vestidos para que no saliera a la calle a profesarse cristiano para morir como su padre. A los 18 años fue maestro en la Escuela Catequética. En el 212 viaja a Roma para conocer esa antiquísima Iglesia. En el 230 deja la cátedra de Alejandría y abre una escuela en Cesarea, Palestina. La lista de sus obras bíblicas pasma. Es muy célebre e importante su Hexaplas, o sea, texto bíblico en 6 columnas: el texto hebreo de la Biblia con caracteres hebreos, el mismo texto con caracteres griegos, el texto griego de Aquila, el texto griego de Símmaco, el texto griego de los Setenta, el texto griego de Teodoción. De Orígenes también se conservan homilías, comentarios, etc.

Conoció los cuatro Evangelios y los atribuyó a Mateo, Marcos, Lucas y Juan. Eusebio transcribe un texto de Orígenes donde enumera los Evangelios y los autores[39]. Orígenes trae por lo menos 9.231 citas de los Evangelios.

Ammonio

Contemporáneo de Orígenes es autor de una sinopsis de los cuatro Evangelios con base en San Mateo[40].

---

[39] Es célebre el texto de Orígenes en *Iesu Nave,* hom. 7,1: MG 12,857, que Rufino nos ha conservado en latín: *"...Sacerdotali tuba primus in Evangelio suo Matthaeus increpuit; Marcus quoque, Lucas et Ioannes suis singulis tubis sacerdotalibus cecinerunt. Petrus etiam duabus epistolarum suarum personat tubis, Iacobus quoque et Iudas. Addit nihilominus et Ioannes tuba canere per epistulas suas et Apocalypsim, et Lucas apostolorum gesta describens. Novissime autem ille veniens, qui dixit: Puto autem nos Deus novissimos apostolos ostendit (1Co 4,9), et in quatordecim epistularum suarum fulminans tubis muros Iericho... deiecit".* Referido en Merk A., *Origenes und der Kanon des N.T,* en Bi 6 (1925) 200-205.

[40] Cfr. ZAHN, Op. citado.

Cipriano (200-258)

Es de Cartago, cita los cuatro Evangelios muchas veces en sus varios libros.

San Hipólito Romano

Muerto en el año 235 d. de C. Es semejante a Orígenes en fecundidad. Se descubrió en el año 1551 una estatua levantada a su muerte por sus admiradores. En el sillón episcopal esta grabada la lista de sus obras. Los nombres de los cuatro Evangelios preceden con suma frecuencia las numerosas citas del autor.

Clemente de Alejandrino (140-214)

Eruditísimo, nombra en sus obras a casi todos los autores que le precedieron. Luego los conoció. Nació probablemente en Atenas.

Recorrió el mundo cristiano, "en busca" de las tradiciones cristianas: Italia, Siria y Palestina principalmente. Tuvo cátedra de filosofía en Alejandría. Fue director de la famosa escuela catequética.

Cita los cuatro Evangelios: primero se escribieron los sinópticos; después el de San Juan.

Respecto de Marcos, la ocasión con que se escribió el Evangelio de Marcos fue esta: después que Pedro había predicado y promulgado el Evangelio "en Roma" por inspiración del Espíritu Santo, muchos de los que allí estaban animaron a Marcos para que "él, que había sido compañero de Pedro por largo tiempo y recordaba sus palabras de memoria", pusiese por escrito la predicación del apóstol. Marcos accedió a sus deseos. Juan fue el último de todos. Viendo que los otros tres se habían fijado sobre todo en la parte humana y externa de la vida de Jesús, inspirado por el Espíritu Santo y movido por los ruegos de los familiares, escribió su Evangelio de carácter espiritual. Clemente expresamente lo atribuye a Juan el Apóstol y no a un segundo Juan.

Tertuliano (160-240)

Contemporáneo de Clemente. Se convierte hacia el año 195 d. de C. Era hijo de un centurión a las ordenes del procónsul de

África. Se recibió de abogado. Es polemista por naturaleza y tiene gran amor a la tradición.

Afirma que la autoridad de los Evangelios está garantizada por las Iglesias que fundaron los Apóstoles.. Entre los evangelistas hay dos Apóstoles, Juan y Mateo; y dos apostólicos, Lucas y Marcos. El valor de los Evangelios estriba en la tradición de todas las Iglesias fundadas por los Apóstoles, es decir en el consentimiento universal de la Iglesia.

El valor del testimonio de Tertuliano está en que se funda en la tradición general de todas las Iglesias y no en una u otra opinión aislada. Rechaza las iglesias fundadas por herejes. Afirma que "los herejes hacen sus iglesias como las avispas panales", y que "son apóstatas más que apostólicas". Se pronuncia en favor de los 4 Evangelios como genuinos, y rechaza los demás. Tertuliano nace solo 60 años después de la muerte de Juan.

Tertuliano estaba en condiciones de averiguar si los Evangelios habían nacido después de la muerte de los Apóstoles y eran espurios, tal como placet a los racionalistas. Los autores del Siglo III nos dicen lo que se creía en el Siglo II.

Ahora preguntaremos a los del Siglo II qué se pensaba en el Siglo I.

7. AUTORES DEL SIGLO II

Fragmento Muratori

Es de Milán, de la Biblioteca Ambrosiana. Manuscrito en latín, letras unciales, carcomido por los gusanos. Son letras unciales del Siglo VII.

Este manuscrito latino es la traducción de un texto griego de la más alta antigüedad. A más tardar escrito a fines del Siglo II. Según Harnack era el catálogo oficial de los libros recibidos por la Iglesia de Roma durante todo el Siglo II. El P.Lagrange sostiene que el autor del texto griego es Hipólito Romano.

Por el estudio interno se comprueba que el autor es contemporáneo de San Pío I Papa (141-155).

Da como hecho inconcuso que toda la Iglesia de Roma sostenía como autores a Lucas y Juan. De los dos primeros falta, no dice nada, o no sabemos, ya que al manuscrito le falta el pedazo.

Luego en el Siglo II había ya en la Iglesia cuatro Evangelios, los mismos que hoy tenemos, inspirados, y leídos en las iglesias.

Con este códice nos ponemos a 50 años de la muerte del último evangelista. Si hubieran nacido los Evangelios en el Siglo II no podríamos retroceder más. Veamos.

Ireneo (130)

Alumno de Policarpo, y Policarpo fue discípulo directo de Juan. Trató Ireneo con otros alumnos de Juan. Viajó a Roma siendo presbítero de Lyon. A su vuelta fue nombrado obispo. Probable mártir de Septimio Severo.

Su opinión. Habla de los cuatro Evangelios y de sus autores como de cosa del dominio público y sin discusión. Mateo escribió su Evangelio en hebreo, la lengua de los judíos, mientras Pedro y Pablo fundaron y evangelizaron la Iglesia de Roma.

Después de la salida de estos, Marcos, discípulo e intérprete de Pedro, puso por escrito la predicación del príncipe de los Apóstoles. Lucas a su vez, seguidor de Pablo, redactó su Evangelio conforme a la predicación de Pablo. Después escribió Juan, discípulo del Señor, que había descansado sobre su pecho. Escribió viviendo en Efeso de Asía.

Es tal la certidumbre de nuestros Evangelios, que los mismos herejes dan testimonio de ellos y se sirven de su autoridad para confirmar sus doctrinas, etc[41].

Ireneo nos conduce a fines del Siglo I pues forma cadena con Policarpo y Juan.

---

[41] Para todo esto se puede ver LEAL, Op. Cit., p.77.

Teófilo de Antioquía

Sexto Obispo de Antioquía después de Pedro. Natural de la Mesopotamia, educado en la cultura griega se convirtió del paganismo en la edad viril. Terminó su libro "Autólico" poco después de la muerte de Marco Aurelio (17,III-180). Es hombre de prestigio, ciencia y santidad. Su actividad como pastor y escritor se desarrolla entre los años 150-200 d. de C.

San Jerónimo narra que Teófilo hizo un comentario a la armonía o concordia de los cuatro Evangelios.

En Autólico cita varias veces a Mateo y una a Lucas.

Es el primero que, nombra expresamente a San Juan como autor sagrado, inspirado por el Espíritu Santo.

Taciano Sirio

En el año 165 d. de C. se convierte. Fue discípulo de Justino. Pertenece plenamente al Siglo II. Se dedicó á enseñar en Roma, cuna de su fe cristiana. En el año 172 apostata. Escribe una concordia de los cuatro Evangelios llamada etiam Diatessaron. En su obra "Oratio ad Graecos" nombra indirectamente en alusiones claras a Mateo, Lucas, y Juan. Todos admiten que para su Diatessaron se basó en los cuatro Evangelios. El texto se puede reconstruir casi totalmente por los fragmentos conservados en San Efrén.

No nombra directamente a los cuatro Evangelios, pero hay perfecta concordancia entre su Diatessaron y los cuatro Evangelios. Con todo, hay algunas modificaciones heréticas, pero que nada quitan al argumento sobre la historicidad y genuinidad.

Justino el filósofo

Nace entre el 100 y 110 d. de C. Entre los años 150-155 escribe la primera Apología. Afirma en ella: "Cristo nació hace 150 años". Recorrió las escuelas más célebres. Trató con los estoicos, peripatéticos y los pitagóricos. Profesó la filosofía de Platón durante mucho tiempo. Vivió como maestro en Roma donde murió mártir hacia el 163.

Tenemos tres de las muchas obras suyas, y con todos los caracteres de autenticidad. Dos apologías, y Diálogos con el judío Trifón.

Taciano discípulo de Justino conoció los cuatro Evangelios. Luego el maestro debió conocerlos. Justino fue fuente de información para los escritores del Siglo II que citan los Evangelios. Por esta razón no podemos dudar de que Justino los haya conocido.

Y si Justino conoce a los Evangelios como cosa en uso en la Iglesia, ya nos remontamos al Siglo I como fecha de procedencia de los mismos. Hay afirmaciones expresas de Justino, de que dos Apóstoles y dos Discípulos escribieron unas Memorias o libros sobre la doctrina y hechos del Salvador. San Justino tiene formación griega y habla a paganos; por tanto el término 'memoria' es más apto que 'Evangelio'.

Aunque él aclara que dichas memorias, son llamadas entre los cristianos, Evangelios.

Estas memorias tienen igual autoridad que los escritos del Antiguo Testamento, pues se leen a su lado en las asambleas litúrgicas cristianas.

Como no nombra a los autores, los racionalistas concluyen que los Evangelios actuales son una evolución de esas Memorias.

Pero los textos citados por Justino coinciden con los Evangelios actuales, y esos textos corresponden a los cuatro Evangelistas y Evangelios canónicos que poseemos. Respecto por ejemplo de San Juan hay 15 textos. Del capítulo I, 4; del III, 3 ; del IV, 5, etc. Todos los capítulos excepto los XI y XVII tienen algunas citas[42].

---

[42] Esta abundancia de citas de los Evangelios y de toda la Escritura hecha por los Santos Padres, constituyó la llamada Biblia Patrística. Quien quiera profundizar en esta dirección puede consultar la llamada "Biblia Patrística", esto es una composición de toda la Biblia según está citada en los textos de los escritores eclesiásticos antiguos. El trabajo más completo lo hizo P. SABATIER, *Bibliorum sacrorum latinae versiones antiquae* I-II (Reims-Paris 1751). También se han recogido las citas del texto griego en San Justino, San Ireneo, Clemente Alejandrino, Orígenes, Tertuliano, Hipólito, Eusebio. Cfr. SACCO G., *La Koine del N.T. e la trasmissione del sacro testo* (Roma 1928) p.214-218; VAGANAY L., *Initiation a la critique textuelle néotestamentaire* (Paris 1934) 39-42.

Si se hubiera perdido el Evangelio de Juan podríamos, en gran parte reconstruirlo con los textos de Justino.

San Justino vive y muere en Roma, por lo cual no conoció como apostólicas otras obras que los cuatro Evangelios.

Si estas 'Memorias auténticas' se leían entre los años 100-150, ¿Cómo permiten que sean sustituidas por otras diversas de autores desconocidos y que se presentan pretendiendo ser también apostólicas? ¡Ojo!, las Memorias se leían en público en las reuniones litúrgicas, ergo, eran del domino público, luego no podían ser cambiadas sin provocar admiración etc. Nótese el cuidado que hubo siempre en distinguir lo genuino de lo espúreo. ¡Y a las reuniones litúrgicas no iban bobos!

Entraremos a continuación en autores que tuvieron contacto directo con alguno de los Apóstoles; estos autores son llamados Padres Apostólicos.

8. TESTIMONIO DE LOS PADRES APOSTÓLICOS

Papías de Hierápolís

Obispo de la ciudad homónima, a principios del Siglo II. Eusebio conserva fragmentos de sus obras. San Ireneo lo llama "hombre antiguo, discípulo de Juan y compañero de Policarpo".

Aparece como hombre curioso e investigador.

Nos da el testimonio explícito más antiguo a favor del Evangelio de Mateo y Marcos; escribe entre los años 125-130 d. de C.

Hay unas sabrosas palabras de Papías citadas por Ireneo: "Siempre que tenía ocasión de tratar con alguno que hubiese conversado con los Presbíteros, le preguntaba con interés por los dichos de los Presbíteros. Qué solían decir Andrés y Pedro; qué Felipe y Tomás y Santiago; qué Juan y Mateo o cualquier otro de los discípulos del Señor. Por fin, lo que dicen Aristión y Juan el Presbítero, discípulo del Señor. No creía yo que me pudiesen aprovechar tanto los libros, cuanto la Voz viva y perenne".

En cuanto al testimonio explícito sobre los Evangelios consigna: "Decía también el presbítero: Marcos, intérprete de Pedro, escribió con diligencia cuanto recordaba. Marcos no erró en el reproducir algunas cosas como las recordaba. Su plan fue no omitir nada de lo que había oído y menos falsearlo..." "Mateo escribió en dialecto hebreo los oráculos del Señor y cada uno los tradujo (al griego) como pudo".

La única dificultad de este testimonio de Papías es de orden interno y filológico. Y de ella obviamente se sirvieron los racionalistas.

Es que Papías emplea la palabra *"loguia"* para designar la obra de Mateo. Ahora bien, como esta palabra se refiere más bien a discursos que al relato de hechos; de ello deducen -siempre los racionalistas- que ésta no sería la obra auténtica de Mateo, la cual tendría que contener sólo discursos. El primero que hizo suya esta objeción fue Schleiermacher en el año1832.

Pero gracias a Dios, es el mismo Papías quien nos da el sentido en que emplea la palabra *'loguia',* y le contesta. "Por esta razón -consigna Papías- Marcos no escribió con estricto orden los dichos y hechos del Señor". Y para designar estos dichos y hechos emplea también la palabra 'loguia'. Luego 'loguia', por lo menos para Papías, designa también hechos.

9. TESTIMONIOS NO EXPLÍCITOS[43]

Copian y transcriben textos que sólo están en los Evangelios. Dependen lógicamente y por tanto de nuestros Evangelios, ya sea en el contenido ideológico, ya literalmente, en la trascripción al pie de la letra de textos y frases evangélicas. Luego CONOCÍAN LOS EVANGELIOS.

---

[43] Es decir, no mencionan ni a los Evangelios ni a los autores de los mismos.

Carta de San Bernabé (no el Apóstol)

Esta carta de Bernabé está escrita antes del año 100 ¿Alejandría? Es el documento más antiguo sin contar los canónicos. Cita ciertamente a Mateo y Marcos; y *probabiliter* a Lucas. Muestra además parecido con Juan en las ideas y palabras.

Didajé o Doctrina de los Doce Apóstoles

Escrita antes del año 100 de nuestra era. Las alusiones frecuentes a los Evangelios no se explican sin haber tenido en sus manos los cuatro Evangelios.

Clemente Romano

Tercer sucesor de Pedro en Roma. En la Carta a los Filipenses, Pablo lo alaba como colaborador (4,3). Por su carta a los Corintios se ve, que conoció el Evangelio de Mateo, con toda probabilidad también el de Lucas. Parece aludir a Marcos. Y a las palabras del Evangelio las cita como palabras del Señor.

Ignacio mártir

Murió en el año 106 d. de C. Es Discípulo de Juan y cita los cuatro Evangelios.

Tiene un modo de expresión completamente joánico.

Redolet Paulum

Segundo sucesor de Pedro en el obispado de Antioquía.

Al decir que cita los cuatro Evangelios entiéndase de modo indirecto, esto es, menciona ideas o frases de los mismos.

Dice que más que en el Evangelio escrito hay que confiar en el Evangelio practicado y sentido en el corazón.

Pilocarpo

San Ireneo le oía decir que él, Policarpo, había tratado con Juan y los otros que habían visto al Señor. También cuenta que repetía sus palabras y cuanto había oído referente a los milagros del Señor.

Visita Roma, y trata con el Papa Aniceto. En su carta escrita después de la muerte de Ignacio, revela conocer el Evangelio de Mateo y Lucas. Además usa dos cartas de San Juan con lo que parece que conoció etiam el Evangelio de Juan.

10. CONCLUSIÓN DE LOS TESTIMONIOS

La literatura cristiana más antigua -más antigua no es posible pretender pues no quedan sino los Evangelios- nos revela que nuestros actuales Evangelios canónicos eran usados y conocidos ya al final del Siglo I. Y les asignan la misma autoridad que al Antiguo Testamento, como libros inspirados. Si a veces no los designan como escritura sagrada, en cambio le dan el nombre de **Palabras del Señor**. Por el contrario en ningún escrito de la época apostólica se menciona a los apócrifos. Por tanto, podemos concluir con certeza que eran admitidos como obras de los Apóstoles, de los discípulos de Jesús, ya antes de cumplirse el primer centenario de la fundación de la Iglesia.

HASTA ACÁ LLEGAMOS POR LO MENOS A FINES DEL PRIMER SIGLO.

CON EL ESTUDIO INTERNO DE LOS EVANGELIOS VEREMOS QUE LLEGAMOS HASTA ANTES DEL AÑO 70, O SEA A 40 AÑOS DESPUÉS DE LA ASCENSIÓN DE JESÚS A LOS CIELOS.

11. LAS HEREJÍAS DEL SIGLO II; LOS GNÓSTICOS

En el Siglo II aparecen herejías gnósticas. Si el Evangelio de Juan se hubiera escrito en el Siglo II, sin duda traería refutaciones de sus adversarios gnósticos, por ejemplo de Cerinto.

Los Filosofúmena

El libro de los Filosofúmena nos ha conservado un fragmento de Basílides que revela haber usado al Evangelio de Lucas 'principalmente'; luego, también los otros tres.

También los filósofos, respecto de Simón el Mago, dejan entrever claramente que éste conoció las obras de Mateo, Lucas y Juan.

Valentín

Estuvo en Roma entre los años 135-160 d. de C. Admitió los libros del Nuevo Testamento. Esto lo confiesa el mismo Loisy.

Marción

Visita Roma en el año 138-9. Allí se encuentra con Policarpo que lo llama "primogénito de Satanás". Usa las epístolas de Pablo y a Lucas. No niega la apostolicidad de los demás, pero por estar impregnados del espíritu del Antiguo Testamento opina que deben rechazarse pues han deformado el mensaje de Jesús. Por otra parte niega la divinidad de Jesús y le atribuye haber venido a abolir enteramente la ley.

Prefiere negar autoridad a los Apóstoles que negar la autenticidad de los Evangelios.

Conclusión

Los herejes conocen y emplean los Evangelios. No existe una sola negación acerca de la autenticidad.

12. LOS APOCRIFOS

Son libros nacidos en la sombra, que ordinariamente ocultaban el nombre del autor. La Iglesia no los reconoce como dignos de fe. Tardíamente se atribuyen como autor a algún Apóstol. Hoy apócrifo es sinónimo de inauténtico, herético, fabuloso.

Existen unos catorce.

Sobre el fondo oscuro de ellos resalta el valor de los cuatro Evangelios canónicos.

Los apócrifos completos son obras de los Siglos IV y V. Los estudios modernos no les asignan una antigüedad más allá del Siglo III y hasta II.

No contradicen nunca a los canónicos pero rellenan los vacíos muchas veces –no siempre– con imaginaciones. Son obras de la piedad popular de algunos cristianos de entonces; quienes completan algunos datos particulares que faltan a los canónicos sobre la vida de Jesús. Por ello muchas veces son algo ligeros con sus fuentes. En general no tratan otros temas fuera de los que traen los canónicos, aunque de todos modos tengan una gran importancia dogmática. Así, es famoso el apócrifo *Tránsito de María (s.IV)* sobre la asunción corporal de la Virgen María a los cielos[44]. El *Protoevangelio de Santiago* es el primer documento que nos da los nombres de los padres de la Santísima Virgen, y de los tres Reyes Magos[45]; el *Pseudo-Mateo* nos describe detalladamente la presentación de María a los tres años de edad y su casamiento con José[46].

Intervienen los mismos personajes.

El Evangelio de Mateo dedica a la infancia de Jesús 2 capítulos, ¡el Pseudo Mateo 42!

En general les gusta lo extraordinario y prodigioso. Por ejemplo, al narrar la infancia en Nazareth, afirman que si algún compañero le pegaba a Jesús caía muerto, etc.

De los 14 evangelios apócrifos más importantes mencionados en distintos documentos y autores solamente conocemos con más precisión unos 10[47]. No tenemos copias directas, y por lo tanto, el contenido para los dichos 10 lo poseemos siempre indirectamente. De todos modos en la antigüedad existió un gran número de apócrifos, pero ante la severa actitud de la Iglesia,

---

44   Cfr. San JERÓNIMO, *Epist.* 107 ad Laetam: ML 22,877; TURRADO L., *María en los apócrifos Evangelios*: CultBibl 11 (1954) 380-390.

45   Cfr. *Protoevangelio de Santigo*, 1,1; 2,1.

46   Cfr. *Evangelio del Pseudo-Mateo*, 4,1-8,1ss.

47   Los nombres de estos 10 son: *Evangelio según los Hebreos; Evangelio de los Ebionitas; Evangelio según los Egipcios; Evangelio de Pedro; Protoevangelio de Santiago; Evangelio de Tomás, Matías, Felipe, Judas, Bartolomé, Bernabé; Evangelio de Nicodemo; Evangelio de Juan; Tránsito de María o Dormición de la Santísima Madre de Dios; Historia de José Carpintero.*

que perseguía su difusión para salvaguardar la verdadera Fe, muchos de ellos desparecieron y sólo conocemos sus nombres[48].

13. EL TESTIMONIOS DE LOS PAGANOS

Los gentiles de los primeros siglos se ocuparon poco del cristianismo. Lo desprecian como una secta o lo confunden con el judaísmo.

Cuando comienzan las persecuciones, el Evangelio ya tiene toda su importancia para los cristianos, deben arrancárselos de las manos.

Por ejemplo Celso, el Voltaire primitivo, acude a los Evangelios para atacar al cristianismo. Orígenes determina los párrafos de Mateo y Juan donde Celso se inspiró. Celso habla de esos libros como de escritos de discípulos de Jesús y comunes a todos los cristianos.

14. EXAMEN INTERNO

Nos obliga a creer que fueron escritos en pleno Siglo I.

Evangelio según Mateo

No se puede posponer a la destrucción de Jerusalén del año 70 d. de C.

Tiene un completo espíritu palestinense y judío.

La genealogía con que empieza es típica de la mentalidad judía.

Hay expresiones que prueban que la tierra de Palestina o su capital subsisten como nación en tierra y ciudades propias.

Escribe para gente entre las cuales la presencia farisaica es fuerte y que están bajo su influjo.

---

[48] Se nos ofrecen catálogos de libros apócrifos en las *Constituciones de los Apóstoles* 6,16: MG 1,949-965; el *Decreto Gelasiano*: ML 59,157-180; el Pseudo Atanasio, *Sinopsis Scripturae Sacrae*: MG 28,284-437.

Todo es reflejo de una sociedad que debía desaparecer el año 70.

Insiste en los discursos de Jesús contra la clase directora del judaísmo. Y todo esto no se explicaría si se hubiera escrito en una época en la cual todo ese sistema de cosas no sería nada más que historia pasada.

Mateo, cobrador de impuestos al servicio de Roma, es el único que menciona el pago del tributo que hace Jesús. Rectifico, es el único que habla de di,dracma,[49] (didracma), moneda propia para pagar el tributo. Los demás hablan con la palabra común de denario.

La mención de su oficio era humillante en aquella sociedad. Los otros autores callan el oficio de Mateo. En realidad no callan el oficio, sino que lo designan con un nombre menos descalificador.

Evangelio según Marcos

Relación con Pedro.

Cita hechos y pormenores que se refieren a Pedro.

Las cosas más honrosas de Pedro se callan. Así la distintiva respuesta de Jesús: "Tú eres Pedro y sobre esta piedra edificaré mi Iglesia"(Mt 16,18).

Suprime lo que no interesa a los paganos.

Es el que más detalla las negaciones.

Siempre da el equivalente en griego de las palabras arameas.

Da explicación de los usos y costumbres judías.

Hace resaltar el mandato sobre la predicación por todo el mundo.

Supone conocidos a Alejandro y Rufo, probablemente romanos, según cita de Pablo[50].

---

[49] Cfr. Mt 17,24 en donde se la menciona dos veces.
[50] Cfr. 1Tim 1,20; 2Tim 4,14; Rom 16,13.

Hay latinismos, tanto que algunos creyeron que el Evangelio se había escrito originariamente en latín.

Marcos no tenía en la antigüedad tal importancia como para atribuirle una obra no propia a fin de acreditarla.

Evangelio según Lucas

El autor dice haber consultado a testigos oculares de la vida de Jesús (Lc 1,1-4), por tanto resulta un autor contemporáneo de los testigos; luego la obra ya demuestra enorme antigüedad.

Da la impresión de haber hablado con María Madre de Jesús directamente. Por dos veces nota que ella "conservaba estas cosas en su corazón" (Lc 2,19.51). Este dato es además corroborado por una importante tradición.

Plummber nota cierto colorido femenino en la narración como también de la fuente de información.

El espíritu del tercer Evangelio es netamente paulino. Dijo Tertuliano "Pablo fue el iluminador de Lucas".

La genealogía no se detiene en Abraham sino que va hasta el origen común a todos los hombres. Es el Evangelio de las gentes, escrito por un discípulo de Pablo.

Harnack cuenta 84 términos comunes entre Pablo y Lucas. En realidad hay todavía varios más[51].

La tradición afirma que Lucas fue médico. Estudios especiales sobre su Evangelio revelan tal cualidad en el autor. Así emplea términos técnicos de medicina, describe las curaciones con precisión, etc.

Pinta a Cristo como médico del alma; es el único que trae la frase "médico cúrate a ti mismo"(Lc 4,23).

---

[51] Cfr. MORGENTHALER R. Wortschatzes Statistik des neutestamentlichen, Zurich-Fraknfurt an Main 1958.

La frase de Marcos sobre la hemorroisa, "que había gastado toda su fortuna en médicos" (Mc 5,26), aparece en Lucas muy mitigada.

Evangelio según Juan

Conoce las costumbres Judías, las Escrituras. También la geografía, las costumbres, los partidos y rivalidades.

Prueba que es testigo ocular por los detalles que inserta.

Se presenta como predilecto de Cristo. Es evidentemente un Apóstol, pues está junto a Cristo en los momentos más importantes y con frecuencia no pone su nombre y hace silencio sobre Santiago y toda la familia de los Zebedeos, es decir su familia. Por el contrario en los sinópticos, el nombre de Juan recorre 17 veces...

Resumen

Sirva la variación que fue experimentando la opinión de Harnack. Primero fija para los sinópticos un espacio vago, entre los años 65-93. En 1908 asigna al prólogo del Evangelio de Lucas 33 años después de Cristo, esto es de su muerte.

En 1911 afirma que el Evangelio de Lucas se escribió viviendo Pablo.

El Evangelio de Marcos fue escrito entre los años 60-70.

Mateo, muy próximo al año 70; sin excluir que se escribiera antes.

Respecto de Juan han evolucionado todos y lo sitúan a fines del Siglo I o principios del II.

La sentencia católica más probable de composición de los Evangelios es la siguiente:

Mateo 50- 60.

Marcos 50-64.

Lucas 60- 63.

Juan 90-100.

Hay un papiro, en realidad un fragmento, encontrado en Egipto y publicado en 1935, que data del Siglo II, de alrededor del año 100-130 de nuestra era, que contiene parte del Evangelio de Juan[52]. No es el manuscrito de Juan; y entonces no es mucho asignar 20 ó 30 años de separación entre ambos, necesarios para explicar la llegada a Egipto del Evangelio de Juan.

15. INTEGRIDAD

No tenemos los Evangelios del puño y letra tal como los escribieron los evangelistas, es decir, no tenemos los autógrafos. Pero poseemos copias de esos autógrafos. Entre estas copias conservadas en códices, las más antiguas, importantes y completas que nos han llegado son del Siglo IV.

Pero hay muchas más; y por eso surge el problema de las variantes entre ellas. Cuantos más manuscritos, habrá más variantes en cualquier obra.

Y es menester recorrer el camino para reconstruir el texto genuino.

El griego del Nuevo Testamento no es el de Homero, Tucídide o Píndaro, es la lengua común, internacional, vulgar, que siguió a las campañas de Alejandro. Es el dialecto koinh, que abarca el período desde el Siglo III antes de Cristo hasta el Siglo V o VI post Christum.

El uso del pergamino se generaliza solamente desde el Siglo IV en adelante[53].

---

[52] Se trata del P[52] (Papiro 52) encontrado en Egipto. Su fecha de composición se ubica en el año 130 d. de C. Contiene Jn 18,31b-33ª.37b-38. Es propiedad de John Rylands Library (Manchester), de lo cual toma también el nombre de Papiro de Rylands. Cfr. ROBERTS C.H., *An unpublisched Fragment of the Fourth Gospel* (Manchester 1935); también LIETZMANN: ZNTW (1935).

[53] La invención del pergamino se atribuye a Eumenio II (159 a.C.) o a Atalo (129 a.C.) reyes ambos de la ciudad de Pérgamo, y de allí el nombre que derivó a la piel de ciertos animales usada como material de escritura. Cfr. TUYA M.- SALGUERO José, *Introducción a la Biblia*, Ed. BAC, Madrid 1967, t.I, p.415.

Cuando en la Edad Media escaseaban los pergaminos se empezaron a rasurar o raspar para usar de nuevo. Se llamaron 'palimpsestos', que quiere decir raspados de nuevo, o rescriptos, esto es sobrescritos de nuevo.

Químicamente se pueden reconstruir los escritos primitivos. Un ejemplo: en el Siglo V escribieron los Evangelios en un pergamino; en el Siglo XIII borraron los Evangelios y escribieron el Códice de San Efrén. Hoy nosotros hemos hecho al revés, se ha borrado los escritos de Efrén para leer el Evangelio

Los papiros se enrollaban. Los pergaminos se ponían en la forma de nuestros cuadernos; de ahí les viene el nombre de códices, equivalente a nuestra forma de libros.

Escrituras

Hay 2 formas:

- Cursiva, minúscula.

- Uncial, o mayúscula o capital.

Hasta el Siglo IX, prevalece la mayúscula.

Luego una derivada de la cursiva y de la mayúscula.

Desde el Siglo XI solamente se usa ésta última, es decir la minúscula.

En la uncial y en la cursiva antigua no había puntuación. Los manuscritos entonces se escribieron como se hablaba, de corrido. Esto hace que algunas lecturas no sean tan simples.

Los espíritus y acentos griegos solo se usan constantemente a partir del Siglo VIII d. de C.

Se agrupaba la cantidad de escritura en orden a la paga del copista.

La actual división en capítulos del texto griego del Nuevo Testamento la introdujo Esteban Langton (†1228), arzobispo de

Canterbury, en el año 1214. El trabajo se hizo sobre el texto latino de la Vulgata, y de allí pasó al texto griego[54].

Clasificación de los manuscritos

Para poder ir concentrando la mucha información de la crítica textual, esto es de cómo un texto está presente en tales y cuales manuscritos, se fueron utilizando letras y números para identificarlos al pie de página en el llamado aparato crítico. Así se fueron imponiendo algunos. Los números árabes solos indican los minúsculos; el número árabe precedido de un 0 inidica a los mayúsculos. Pero a su vez en la numeración y designación de los minúsculos se suelen añadir con cierta libertad letras, para indicar alguna característica del contenido o el formato, como que si es un evangelio (e), un leccionario (l), un acta (a), una carta de San Pablo (p), etc. Esto se puede esquematizar como sigue:

N° (número arábigo) = minúsculo; ej. L-2535.

O + N° (número arábigo) = mayúsculo; ej. 01, indica al Códice Sinaítico, y 02 indica al Códice Alejandrino.

P + N° (número arábigo) = papiro; ej. P^{45}, indica el papiro 45.

L + N° (número arábigo) = leccionario; ej. L 1839 indica el leccionario 1839[55].

Redundando con otros ejemplos, el 059 es un códice mayúsculo del Siglo IV, de Marcos, que se conserva en Viena. El P45, Siglo III, en Londres. Trae los Evangelios y los Hechos.

---

[54] La división del arzobispo de Canterbury se encuentra en el códice latino 14417 de la Biblioteca Nacional de Paris, fol.125ª-126b. Cfr. SCHMID O., *Über verschiedene Einteilungen der Heiligen Schrift, insbesondere über die Kapitel-Einteilung Stephan Langtons im XIII Jahrhuntert* (Graz 1892) 59-91; LAGRANGE A., *Die Schriftzitate in der Scholastik um die Wende des 12 zum 13 Jahrhundert*: Bi 18 (1937) 74-94.
Santes Pagnino (†1541) hizo la división primera en capítulos sobre el texto hebreo del Antiguo Testamento. Esta división fue completada luego tomándola de la Vulgata por Rabí Salomón ben Ismael (1330), y aparece por primera vez en la *Biblia Rabínica* editada por D.Bomberg en el año 1525.

[55] Cfr. GREGORY C.R., *Die griechischen Handschriften des N.T.* (Leipzig 1908); también *Vorschläge für eine kritische Ausgabe des griechischen N.T.* (Leipzig 1911).

Además, a los primeros 50 códices unciales o mayúsculos comúnmente se los designa con letras mayúsculas latinas, griegas y hebreas, por ejemplo el "B", designa al códice Vaticano del Siglo IV, que contiene todo el Antiguo Testamento y casi todo el Nuevo. Se lo considera el mejor códice griego.

El "S", es el Sinaítico, descubierto por Tischendorf en 1844 en el Monasterio Santa Catalina en el monte Sinaí. Pertenece al Siglo IV. En 1933 Londres lo adquirió de los rusos[56].

El "A", es el Alejandrino, del Siglo V. También está en Londres.

El "C", es un palimpsesto del Siglo V. Contiene casi todo el Nuevo Testamento y fragmentos del Antiguo Testamento. Está en París.

El "D", es el Greco-latino, del Siglo VI. Está en Cambridge. Trae Evangelios y Hechos. La parte de los Hechos está ahora en París.

Estos son los sobresalientes, hay muchos importantes más.

Papiros

Hay dos muy antiguos, llamados de Chester Beatty. Editado en 1933 (P45-46) por Kenyon.

Otro es el P50, editado en 1935 por Roberts. Era un lote de papiros adquiridos por Sir Chester Beatty. El lugar de origen no está en claro.

Contienen casi todo el Antiguo y el Nuevo Testamento y no pueden ser posteriores al Siglo III.

Entre los papiros de Chester Beatty se encontró uno de 5 líneas que contiene el capítulo 18,31 -33.37.38 de Juan, que trae el coloquio de Pilatos con Jesús, sobre su poder real. Este texto grie-

---

[56] Una nota curiosa se conserva en la actual biblioteca del Monasterio Santa Catalina del Sinaí, en donde en el lugar en el que debería ocupar el *Códice Sinaítico* que encontró Tischendorf, se encuentra un espacio libre con una papeleta con una nota autógrafa y la firma de Tischendorf "prometiéndole" a los monjes restituir el códice apenas haberlo ocupado para sus estudios... Mientras se escriben las notas presentes no habían noticias de su restitución...

go coincide con los códices del Siglo IV. Pertenece a la primera mitad del Siglo II, o más precisamente al año 130 d. de C.

Versiones

Son los llamados testimonios indirectos.

Las dos mas antigua son del Siglo II.

Son la vieja latina o Vetus Latina, y la Siríaca o Peshita.

El texto latino actual lo compuso San Jerónimo corrigiendo las versiones latinas, y teniendo ante los ojos los más antiguos códices griegos, por lo menos los del Siglo II.

Cómo se utilizan las fuentes

Rastreo de errores introducidos. Comparar la variante con las demás partes, considerarla en sí misma.

Ver la dependencia que existe entre los códices.

No basta que una lectura sea más frecuente para determinar su plusvalía, etc.

Leyes para subsanar errores

1º: La lectura más difícil es preferible a la más fácil. Difícil por la palabra, por la unión o por la idea. Siempre se tiende a simplificar.

2º: La lectura más breve es preferible a la mas larga. Los copistas tienden a querer aclarar el pensamiento y alargar.

3º: Lectura auténtica es aquella que puede explicar el sentido de otras lecturas, esto es su origen. Si supuesta ella se explica fácilmente el nacimiento de las demás ideas, ésa es auténtica.

Valor del texto critico actual

Errores gramaticales no cambian el sentido: abundan.

Errores gramaticales que se rocen con el sentido: hay unos 200.

Pero a su vez de estos, de 8 variantes una sola presenta divergencias de relativa importancia.

Este número es ínfimo si recordamos el número elevado de códices, más de 2.000 sin contar los leccionarios y las traducciones.

Aplicando las reglas de crítica interna, son poquísimos los textos acerca de cuyo sentido subsista duda.

Por tanto, el texto del Nuevo Testamento ha llegado hasta nosotros no solamente ÍNTEGRO en lo sustancial sino también en lo accidental.

Conclusión

Ningún libro de la antigüedad se puede comparar en valor histórico con los Evangelios, y esto por el cuidado que desde un principio tuvo la Iglesia en que se enseñara lo auténtico. El único libro que se le acerca es el texto del Antiguo Testamento, ya griego ya hebreo.

Un parangón

Filón, contemporáneo de los Evangelistas, ¿qué valor histórico tiene?

Leopoldo Cohn, confiesa que su Memoria fue muy descuidada por los judíos.

Es verosímil que en el Siglo II sus obras fueran conocidas de Justino y Teófilo de Alejandría.

En el Siglo III ya hay certeza, en el sentido que explícitamente alguien, Clemente de Alejandría, cita y emplea sus obras. En cuanto a la autenticidad, el manuscrito de las obras de Filón más antiguo no pasa del Siglo X. ¡Se llama Seldenianus!

¡Qué diferencia con los Evangelios!

16. LA HISTORICIDAD DE LOS EVANGELIOS Y LOS RACIONALISTAS

Según muchos racionalistas, la figura histórica de Jesús discrepa de la figura de Jesús que nos presenta o sostiene la fe.

Pero una transformación hasta llegar a una figura idealizada de Jesús supone mucho tiempo. No es posible que los contemporáneos de Jesús ya tuvieran esa "elaboración". Y nosotros vemos que el Jesús de los Evangelios, esto es de los años 60 o 70, es el Jesús de nuestra fe.

Cuando en las narraciones nace el mito[57], la figura histórica de Jesús está ya lejana. Los testigos oculares no son los que elaboran el mito sino las generaciones muy distantes.

Harnack dice que "las explicaciones que se dieron para deshacer su valor histórico no resisten a la crítica... No son los Evangelios escritos de partido, ni es verdad que estén impregnados de espíritu helénico, pues corresponden en cuanto a su contenido sustancial a la época primitiva o hebraica del cristianismo. La historia de aquella época, tal y como nos la ofrecen el primer y el tercer Evangelio, nos la han conservado afortunadamente otros documentos, aunque sean de importancia secundaria".

Renán

"Yo rechazo los milagros del evangelio, no porque previamente se me haya demostrado que los Evangelios no merecen una fe absoluta. Si yo digo que los Evangelios son leyenda, es precisamente porque contienen hechos milagrosos".

Esta hipótesis apriorística de la no existencia de lo sobrenatural es la negación práctica de la existencia de Dios; es un ateísmo paliado.

En los ámbitos racionalistas se dan rebuscadas explicaciones a los hechos milagrosos que nos refieren los Evangelios. Para algunos la transformación repentina de los Apóstoles el día de Pentecostés, hecho indubitable, fue un fuerte golpe de viento que abrió puertas y ventanas y un claror de rayo que ilumina y envalentona.

---

[57] Se utiliza aquí la palabra mito en sentido moderno, como sinónimo de invención, de relato ficticio, lejano a la realidad, idealizado e idealista.

En las bodas de Caná, según Neander, Jesús comunicó al agua un gusto parecido al del vino, pero sin realizar una transustanciación.

Algunos separan los hechos de Jesús de su doctrina. La doctrina es histórica, los hechos son ilusiones. Dice Renán que hay tal trabazón en general entre doctrina y hechos que o es falso todo o es verdadero todo. Las palabras y discursos están trabados con las actitudes, las controversias, viajes, milagros, iniciativas y sufrimientos de Jesús.

17. LA HISTORICIDAD ES CONFIRMADA POR LOS MISMOS EVANGELISTAS

Pero la historicidad es también roborada por los mismos autores de los Evangelios.

No son historiadores en el sentido moderno.

Eran testigos, por tanto en inmejorables condiciones -muy superiores a las de los mejores críticos modernos- para narrar los hechos; tenían resueltos los problemas que tiene el historiador moderno: busca de materiales, elección, preparación de la materia, etc. ¡Las fuentes eran ellos!

No les interesaba el problema filosófico de lo sobrenatural, les bastaba haber constatado que las seis tinajas primero tenían agua y luego vino...

Era gente sana psíquicamente -no así Mahoma o Buda- gente de mar, curtidos al sol y al viento, gente sencilla y por lo mismo, desconfiada, que por instinto palpa antes de creer. Cuando ven a Jesús caminar por las aguas ni se les ocurre pensar que pudiera ser Él, "debe ser un fantasma"(Mt 14,26), algo inmaterial. Les costó mucho creer en la Resurrección; ponían reparos a los primeros testigos (cfr. Jn 20,25 ss.).

¿Como narran los hechos milagrosos? De la manera más sobria, por tanto ajenos completamente a arbitrar medios de sugestión o de atracción que capten y arranquen la aprobación del oyente o lector.

No hay exclamaciones, es narración fría. Nunca elogian a Jesús directamente, no ponderan su dinamismo. En cambio ponen sin reparos las horas de abatimiento del huerto de Getsemaní y de la Pasión. No hay una frase que muestre admiración por el héroe ni odio o ira por los adversarios. Si son verídicos -como admiten los racionalistas- al narrar la noche de la Pasión, ¿porqué no lo son al narrar los hechos sobrenaturales?

Explícitamente manifiestan escribir hechos sucedidos y nada más. Así en Lucas y Juan. "Y quien lo vio es quien lo asegura..."(Jn 19,35; 21,24) al fin de su obra, y en la presentación de su Evangelio: "lo que fue desde el principio.." (Lc 1,1-4).

No narran sino lo que han visto, oído o palpado, y así vemos que, no hablan de su descenso al infierno, ni del momento o detalles de la Resurrección ni de su entrada en los cielos.

Además presentan una garantía única, ¡mueren por lo que afirman! La psicología de la mentira es siempre interesada: *"nemo gratis mendax"*.

Hay imposibilidad moral, psicología de que aquellos pescadores de Galilea se hayan reunido un día, para ponerse de acuerdo sobre el "mito de Jesús", sobre una religión fundada en la divinidad de un carpintero, de un fracasado crucificado, y de que hubieran dejado sus aldeas atravesando los mares para predicar por el mundo lo que sería una locura para los civilizados griegos y un escándalo para sus compatriotas judíos. De todo eso, si sólo hubiera sido una patraña, lo único que habría podido esperarse era terminar en la cárcel. Eso sucedió, pero no fue lo único sino que además obraron la transformación más admirable y radical de la humanidad, del hombre que acepta esa enseñanza, y que se haya visto en la historia.

No cabe mala fe en doce hombres que dejan esposas, familia, patria y todo lo que tienen, para predicar algo tan nuevo tan contrario a lo que los Siglos habían conocido.

18. MISCELANDIA DE HISTORICIDAD: EXAMEN INTERNO, FUENTES EXTERNAS. CONTUNDENCIA OBJETIVA.

El Evangelio concuerda con todos los demás documentos históricos: arqueología, literatura, etc., de la época.

El estado religioso político y social del judaísmo es el que había al comenzar nuestra era con la particularidad de que a partir del año 70 cambió radicalmente.

Todas las alusiones pintan maravillosamente las costumbres, lenguaje, hábitos de espíritu y las condiciones políticas que prevalecían bajo el reinado del hijo de Herodes.

El estilo fragmentario de los Evangelios supone hechos ya conocidos por los lectores; no hacen ilación, etc.

Así solamente escriben autores contemporáneos para sus contemporáneos pues suponen que los lectores conocen el teatro de operaciones y parte de los hechos y circunstancias. Un novelista no escribe en forma fragmentaria. El evangelista hace la ilación en su mente. La tarea más ardua para el biógrafo de Jesucristo es mostrar la sucesión de los hechos que no han dejado los evangelistas. Los Evangelios no son una vida de Jesús, sino cuadros y episodios tomados de la realidad para ilustrar y robustecer la Fe.

Así son fieles en emplear términos como "Hijo del hombre, Hijo de David", ya en desuso después de la Ascensión.

Recientemente Sievers ha creído poder establecer en base al estudio de los sonidos, que San Pedro y San Juan han tenido parte muy preponderante en la formación del texto de los Evangelios.

San Lucas, griego de nación, se guarda muy bien de dar forma griega literaria al contenido de fuentes judío-cristianas y emplea o traduce el texto arameo. Nadie niega la antigüedad de las cartas de San Pablo. Pues bien, la doctrina de los Evangelios representa un estadio doctrinal anterior respecto de las mismas. O sea, lo que en el Evangelio es semilla, en Pablo es ya hojas y frutos. Hay aplicaciones prácticas. Por ejemplo, los Evangelios no dan bien desarrollada la concepción de la Mesianidad de Cristo y la Divinidad, tal como ya se hallaba en la época en que escribían, sino como la iban viendo poco a poco hasta antes de Pentecostés. Cuando ellos escriben, ellos también hablan del Señor Jesús, nombre que los judíos helenistas empleaban para designar a Jahveh. Esta es una notable diferencia con los apócrifos, donde todo es divinidad de punta a punta y cosas milagrosas y extraordinarias en exceso. En los apócrifos, el Niño Dios aparece como un niño prodigio tal como lo imaginaba la piedad de los Siglos II y III.

Si los Evangelios se hubieran formado de la leyenda tendrían que estar acentuados los rasgos de la divinidad y suprimidos los que pudieran ocasionar dificultad y las vacilaciones y desconfianzas de los mismos Apóstoles. En cambio, pasa lo contrario. Se refiere con total sencillez que los Apóstoles no acaban de entender a Cristo y su misión. Así aparecen frases como la de "Lejos de Ti… la muerte"(Mt 16,21-22); "Haz que mis dos hijos se sienten, uno a la derecha y otro a la izquierda"(Mt 20,21); "Nosotros esperábamos que iba a libertar a Israel"(Lc 24,21)…

Es notable la unidad doctrinal que reina entre todos los documentos cristianos. Esta unidad no tiene más que una explicación, ya que como nota Dulau "todos los heraldos del mensaje cristiano no son ni quieren ser otra cosa que ecos. Su predicación se une a la de Cristo y al Espíritu Santo que completó su instrucción y les dio el sentido de Cristo".

Por esto es fácil reconocer las herejías, inmediatamente disuenan.

La sustancia de la fe cristiana es algo enteramente nuevo en la historia de la humanidad.

En la historia de las religiones falta paralelo: cuando se diviniza a alguien, cesa la humanidad. Cristo resucitado "come y bebe" (Lc 24,43; Mt 26,26-29).

Cuando Antioo, favorito del emperador Adriano, muere ahogado en el Nilo, tan pronto como es adorado por dios, se convierte en Osiris.

El resultado de la divinización nunca es un Hombre-Dios.

Las leyendas clásicas al presentar un dios, lo presentan como uno de los tantos. Cristo es el único Dios.

La descripción de Jesús que hace Juan en el prólogo es algo absolutamente único.

Y cuando la filosofía griega quiere penetrar en el cristianismo y surgen los heresiarcas, el orbe cristiano se conmueve, viene la reacción tradicional y el cuerpo cristiano se deshace al final del mal tumor, que no corresponde a su complexión, porque no está conforme con "lo que ha recibido" (2Co 11,4; Gal 1,9).

Un Mesías, Dios-Hombre superaba infinitamente las esperanzas judías, ni podían entenderlo y no lo entendieron, y decir que Jesús era Dios era "blasfemia"(Mt 26,62-65).

La cruz de Jesús tampoco la podían entender. Y de esta mentalidad participaban los Apóstoles a los cuales solamente el contacto íntimo y prolongado con Jesús y sus manifestaciones como la Transfiguración, etc., pudieron lentamente sacarlos de este modo de concebir al Mesías.

El cristianismo si no pudo salir de la mentalidad judía, mucho menos lo pudo hacer de la filosofía griega o en general pagana. Es una concepción por encima de toda concepción humana. Cristo es obra de Dios, existió realmente.

Una evolución tampoco se explica. El testimonio de los Doce es "lo que se recibe"(Rom 1,5; 16,17)[58]. En la Iglesia primitiva se nota el tradicionalismo y su espíritu social en el mensaje.

"Lo nuevo que yo predico es lo que predican los demás" (Gal 2,1-10), dice San Pablo.

Aparece la seriedad con que se plantean las cuestiones de lo sobrenatural; tanto como nosotros ahora.

Si no hemos de resucitar, "comamos y bebamos que después moriremos", es el raciocinio de San Pablo (cfr. 1Cor 15,32).

Cuando uno traiciona su misión, con seriedad se elige otro.

---

[58] Otros textos relacionados con el mensaje "transmitido" y "recibido": 1Co 15,1; 2Co 11,4; Fil 4,9; Col 2,26; 2Tim 3,14

Cuando Pablo quiere predicar confronta su doctrina con la de los Doce y para eso hace un viaje especial a Jerusalén.

A los fieles de Roma les escribe que su Evangelio no difiere del que Pedro les ha predicado (cfr. Rom 1,12).

Mucho antes de que Pablo escribiera sus cartas, el Colegio de los Doce fija el núcleo del mensaje de Cristo, en fórmulas doctrinales, en una especie de profesión de fe bautismal (cfr. Act 15,6-29)[59].

"Hay que reaccionar contra toda desviación de la tradición" (1Co 4,17; 1Tim 6,3).

Es una comunidad fundada y que vive en la palabra del Señor, transmitida corporativamente. No hay lugar para sueños individuales.

Hay un control recíproco y autoritario.

El que no se conserva con lo recibido sale afuera como cadáver pútrido que el mar arroja en la orilla. En el mar cristiano no cabe más agua viva que la de Cristo.

La teoría evolucionista es una monstruosidad histórica y psicológica.

Los Evangelios se escriben viviendo gente que conocía a Jesús y que tenía interés en que no adulteraran su figura. Hasta principios del Siglo II, la Iglesia madre de Jerusalén fue gobernada por hombres que conocieron personalmente a Jesús. Así lo afirma Egesipo, escribiendo en el año 180.

Algunos resucitados por Cristo vivieron hasta el año 138, dicen Papías y el apologista Cuadrato.

Los milagros de Jesús fueron en público, no podían inventarse esas circunstancias de lugar, personas, etc., sin ser desmentidas, como por ejemplo se lo desmintió a Mr. Hicks.

---

[59] Idem nota anterior.

La clase dirigente, Sanedrín, etc., no logra reprimir el proselitismo de los Apóstoles. ¿Por qué? Porque era evidente lo que decían.

Dice Flavio Josefo, que Anás, juez de Cristo, que queda tan mal parado en los Evangelios, vivió como para ver en el sumo sacerdocio a sus cinco hijos, y ninguno pudo reprimir ni aventar tampoco la enseñanza cristiana.

El Evangelio es aceptado como verdad superior a toda filosofía, por la cual es preciso vivir y morir.

Los mártires van con ellos al tormento para testimoniar la verdad que ellos contienen.

Este amor y respeto no se concilia con la teoría de la leyenda.

Las consecuencias de la verdad evangélica eran enormes para los cristianos y herejes, y todos los aceptan como históricos.

"Por el fruto se conoce el árbol"(Mt 12,33). ¿Qué libros han producido en la humanidad frutos más copiosos y excelentes que los evangelios?

"Ninguna otra colección de palabras es comparable con estas cuatro gavillas de trigo celestial, que desde hace setecientos millares de días alimenta y robustece a millones de almas", dice Papini.

"Desde hace 19 Siglos toda la literatura de los hombres gravita en torno a estos cuatro lacónicos libros. Todas las otras obras subsiguientes son defensas o ilustraciones del Evangelio de Cristo; o batallas contra Cristo y el Evangelio", dice también Papini.

La lógica infernal del absurdo, al llegar al vértice de la pirámide escéptica se ha detenido y se ha despeñado y yacen en montón de ruinas despreciables, las teorías del mito, del fraude, del sincretismo... y sobre todos ellos, como por sobre todos los errores de todos los tiempos, brilla siempre con nueva luz la estrella salvadora de Belén, Cristo Jesús, la Verdad Dios y Hombre. Salvador para todo hombre de buena voluntad.

Frente al Evangelio no nos queda sino "deletrear de rodillas sus versículos y tomarlo como la orden del día todas las mañanas de esta vida, carcomida a cada instante por la muerte"[60].

19. LOS MANUSCRITOS DE LOS EVANGELIOS[61]

I. Textos Originales[62]

Papiros

El más antiguo reconocido por todos es el Chester Beatty, del año 130.

Hay otros 80.

Especial mención merece el Papiro de Qumrám llamado 7Q5 por haber sido encontrado en la cueva número siete de Qumram, y que contine veinte letras de dos versículos del Evangelio de San

---

[60] Cf. PAPINI, Op. Cit., p.59.

[61] Los números y cantidades de manuscritos que se dan aquí son aproximativos, y por lo tanto pasibles de modificaciones, aunque en general hacia arriba. Esto es, el número de manuscritos existente es en general todavía más grande que el dado aquí por el P.Atilio Fortini S.J. Estos manuscritos se han ido descubriendo y agregando en las publicaciones llamadas críticas de las últimas décadas. De todos modos, las diferencias no son en general significativas como para dejar una idea aproximativa falsa. Quien quiera profundizar y tener más precisión deberá consultar las diversas publicaciones críticas, específicas y actualizadas.

[62] Conviene aclarar aquí que se trata de copias de los primeros originales, muy cuidadas y por lo tanto fidedignas. Demostrar esta afirmación es ciertamente posible, pero excedería largamente las posibilidades de estas notas. Téngase simplemente en cuenta que de todos los manuscritos existentes, hay del Nuevo Testamento unas 200.000 variantes, de las cuales 15 son de alguna importancia, en cuanto que afectan a verdades dogmáticas. Pero ni siquiera en estos últimos casos, se añade ni se quita nada al depósito de las verdades de Fe. Con lo cual se puede afirmar con toda verdad que los escritos del Nuevo Testamento han llegado hasta nosotros sustancialmente íntegros. Pero también en lo accidental y considerando todas las variantes, el texto neotestamentario se presenta con tantas garantías de autenticidad como no se puede decir de ningún otro documento de la antigüedad. De modo que el texto del Nuevo Testamento que ahora poseemos es la auténtica y divina fuente de la Revelación, porque nos trasmite la revelación sin error. Cfr. SIMÓN H. - PRADO J., *Praelectiones Biblicae*, Propaedeutica Biblica n°150; VACCARI A., *De Textu*, en Institutiones Biblicae I n°57; DURAND A., *Le Texte de N.T.*, Etudes 126 (1911,1) 290; KENYON F.G., *Handbook to the Textual Criticismo of the N.T.* (Londres 1912) p.3-5. Entre los 15 textos de diferencia crítica más importante se pueden elencar: Mt 1,16 (Mc 1,1); Lc 22,19-20, Jn 1,18; Jn 5,3-4; Act 20,28; 1Co 15,51; 1Tim 3,16. Para más detalles cfr. HÖPFL H. LELOIR, *Introductio generalis in Sacram Scripturam* (Roma 1958) p.277, n° 394.

Marcos (6,52-53) y que coinciden con nuestro texto actual[63]. Este papiro se data antes de la destrucción de Jerusalén en el Siglo I, por lo cual su valor es inmenso[64].

Códices

Mayúsculos o Unciales: 242.
Minúsculos: 2.535.
Leccionarios: 1.839.

Evangeliarios: 1200.

Textos Evangélicos Comentados: 300.

Ostrakas[65]: 25.

Talismanes: 20.

II. Traducciones:

Siríacas y Coptas: unas 1.000.

Latinas: 13.000 (30.000).

Armenia:...

Georgiana:...

Etiópica:...

Gótica:...

Árabe:...

Persa: 500 en total.

Rusa: 4.105.

---

[63] Cfr. infra, capítulos 32 a 37, en donde el 7Q5 es analizado más extensamente.

[64] Cfr. O'CALLAGHAN, *El Papiro de Marcos en Qumrám*, Revista Gladius 25 (1992). También cfr. infra, capítulos 32 a 37.

[65] Los ostrakas eran fragmentos de cerámica sobre los cuales se escribía.

Padres Apostólicos (70-130)

Doctrina de los Doce Apóstoles (70-90): 41.
San Clemente Romano (96-98): 12.
La Carta de Bernabé (96-98) (70): 14.
San Ignacio de Antioquía (105-106): 17.
San Policarpo de Esmirna (110-120): 15.
El Pastor de Hermas (140-155): 36.

Apologistas (130-170)

San Justino (132-154): 268.
La Carta de Diogneto (170): 11.
Diatessaron de Taciano (172).

Los Grandes Autores (170-400)

San Ireneo (178-190): 1.038.
Tertuliano (197-206): 3.822.
Clemente Alejandrino (202-213): 1.017.
Hipólito (212-213): 730.
Orígenes (230-250): 9.321.
Eusebio (325-250): 3.250.

En síntesis

Padres Griegos: W.Bargon, en 16 volúmenes, en el Mueso Británico.

Padres Latinos y

Padres Siríacos: 86.419.

20. LOS MANUSCRITOS DE LOS EVANGELIOS EN COMPARACIÓN CON LOS MANUSCRITOS DE OTROS AUTORES. DIFERENCIA EN AÑOS Y CANTIDAD

Griegos

- 1.600 años entre el original y el manuscrito más antiguo de "Las Tragedias" de Eurípides.

- 1.400 años para "Las Tragedias" de Sófocles y Esquilo, como también para las obras de Tucídides y Aristófanes.

- 1.300 años para Platón.
- 1.200 años para Demóstenes.

Latinos

- 800 años para Catulo.
- 700 años para Terencio.
- 500 años para Tito Livio.
- 400 años para Virgilio.

Diferencia entre la cantidad de Manuscritos

- 50 copias para "Las Tragedias" de Esquilo.
- 100 copias para "Las Tragedias" de Sófocles.
- 1 copia para la "Antología Griega".
- 3 manuscritos independientes de Catulo.
- Varios centenares de manuscritos de Eurípides, Cicerón, Ovidio y Virgilio.

21. TESIS CRÍTICAS A LOS EVANGELIOS Y REFUTACIÓN

A manera de prólogo, podemos traer una confesión de parte[66]. "Hemos trabajado los racionalistas 50 años, febrilmente, y sólo hemos conseguido fabricar macizos sillares que sirvan de pedestal a la Iglesia". Así Harnack.

Harnack está fundamentalmente contra la "selección de textos". Un recurso de los racionalistas respecto del Evangelio fue suponer espurios los textos que a ellos menos les convenían; sobre tal procedimiento anticientífico[67], protesta el hombre de ciencia.

Harnack previó que con la crítica de los Evangelios sucedería lo que al niño, que quiso ir quitando capas a una cebolla para ver

---

[66] Esto está sacado de Juan Carlos Rougés.

[67] Ya decía sabiamente Blaise Pascal, que "si el teorema de Pitágoras indujese para los hombres alguna grave obligación o peso, hace muchísimo que hubiera sido refutado". Citado por EDERLE-SÁENZ, Las Parábolas de Jesús, Ayer, hoy y siempre, p. 49.

qué encontraría dentro, si un carozo, y al final se quedó sin nada..."[68]. El P.Alberto Ignacio Escurra, con su conocido estilo, bautizó esa corriente moderna como la "Schule der Zwiebelkernessuche", esto es, la "escuela de la búsqueda del carozo de la cebolla" [69].

Renán contra la escuela liberal

"Admiten ciertamente un Jesús histórico, y real, pero su Jesús histórico no es un Mesías, ni un profeta ni un judío. No se sabe lo que quiso, no se comprenden su vida ni su muerte. Su Jesús es un Eón a su modo, un ser impalpable, intangible. La historia pura no conoce seres de tal estilo"[70].

Reimarus trae la hipótesis de que los Evangelistas mienten.

Reimarus es un profesor de lenguas orientales en Hamburgo († 1768). Se quedó solo con su teoría, nadie lo siguió, no logró "escuela". Era demasiado evidente la buena fe de los escritores sagrados.

El silogismo de Reimarus fue: Los milagros son un absurdo; es así que los Evangelistas narran milagros como acontecidos históricamente; luego, los evangelistas son embusteros.

Paulus († 1851) trae el siguiente silogismo: Los milagros son un absurdo; los Evangelistas narraron milagros; luego, supuesto que quisiesen ser veraces, son tan solo exageradores inconscientes. En una palabra, los trata de andaluces o poetas.

Su principio de interpretación de los Evangelios es que "todo tiene interpretación natural".

Por ejemplo, en "la multiplicación de los panes"(Mt 14,15-21) , Jesús invitó a repartir esos pocos panes; movidos por este ejemplo, todos los que tenían algo convidaron a sus vecinos...

---

68 Cfr. RICCIOTI, *Vida de Jesucristo*, p. 221.
69 Cfr. *Revista MIKAEL*, n° 13, p. 132.
70 Cfr. RICCIOTI, *Vida de Jesucristo*, p. 204.

O cuando "Jesús camina sobre las olas"(Mt 14,25-26); sólo hacía pie en un banco de arena...

Estas explicaciones tan ridículas despertaron la reacción despectiva del mismo Strauss, otro racionalista[71]. Aunque también se equivocó él, pretendiendo otra explicación, pero tuvo la virtud de hundir a su socio Paulus.

He aquí la conclusión de Strauss: "El exégeta naturalista pretende hacer de toda la narración evangélica una cosa de orden puramente natural. Y como esto sólo se puede hacer en contadas ocasiones, se permite (Paulus) las más forzadas explicaciones que han desacreditado a la moderna exégesis, aun entre los laicos".

Los defectos principales de la exégesis[72] naturalista

1. Procedimiento antihistórico por el que se permiten completar y "mejorar" documentos con suposiciones, y considerar de valor objetivo las cavilaciones subjetivas.

2. El afán sumamente forzado y siempre infeliz de representar como natural lo que el documento presenta como milagroso.

3. Arrancar de la historia sagrada todo lo santo y divino rebajándola a una lectura de esparcimiento que ni merece el nombre de historia[73].

Strauss († 1874). Tiene la teoría del mito entendido con el sentido moderno de leyenda.

Su teoría maneja los siguientes presupuestos o principios:

---

[71] Todo este párrafo es diáfano en demostrar lo que sucede en los estudios bíblicos a consecuencia de la aplicación del principio del "libre examen", que al obviar toda orientación y regla objetiva, es una fuente de opiniones particulares y subjetivas donde en aras de una supuesta libertad o adultez en la Fe, cada uno termina siendo su propio magisterio, su propia explicación, su propia verdad.

[72] El uso que se hace aquí del término exégesis, tiene en general el significado restrictivo de "exégesis moderna racionalista, antihistórica, antisobrenatural, inmanentista", no de toda exégesis, no de la exégesis católica. En los círculos en donde se hace esta falsa generalización, se suele embatir contra ella con mucha fuerza y desprecio.

[73] Cfr. DORCH, *The Fund*, I, pág. 541.

1. Los Evangelistas no quisieron engañar.

2.. Los Evangelistas hablaron de hechos estrictamente naturales (contra Paulus).

3. Lo sobrenatural no existe.

Conclusión

Los Evangelistas fueron unos crédulos. Se fiaron de leyendas que corrían sobre las acciones de aquel hombre maravilloso, Jesús. Y unos 150 a 200 años después se creyó en cuentos de hadas y en hechos milagrosos.

Respuesta

El mismo confesó: "Si se demuestra que algún Evangelio fue escrito en el Siglo I, mi teoría no vale nada"[74].

Ahora bien, todos admiten como probado que los tres primeros Evangelios fueron escritos antes de finalizar el Siglo I [75]. Así por ejemplo, el investigador protestante Harnack asigna como fecha el año 70 d.C.

Strauss cambia entonces su sentencia. El caso era derrumbar los Evangelios. ¡Ellos no creen en milagros, pero presentarán una solución que supone un milagro mayor de los que rechazan! Pretendieron resucitar a un muerto: retoman la teoría de Reimarus que nadie había admitido y la cubren de un ropaje nuevo.

---

[74] Interesantísima confesión de partes. De hecho vasta ver en mucho comentario moderno de exégesis la influencia de esta convicción: se acepta apriorísticamente la composición tardía de los Evangelios, o se adhiere de la misma forma a cualquier advenediza teoría que posponga el año de composición de los Evangelios. Es que en el fondo de estos comportamientos hay conciencia de que sus teorías, para poder subsistir, necesitan la apoyatura en esta consideración errónea. Cfr. infra, p. 155 ss.

[75] "Todos admiten"... En honor a la verdad, esto está hoy al menos numéricamente, por verse. 'Miente, miente que algo quedará', parece un principio aplicable a toda esta situación. Tantos escritos y estudios hechos bajo los principios del libre examen, del naturalismo, e inmanentismo, han ciertamente dado sus resultados, influyendo incluso estudios y autores buenos y serios.

Leen a Pablo: "más cuando vino Cefas a Antioquía me le opuse abiertamente" (Gal 2,14). Esta fue la punta del hilo de oro para tejer una nueva teoría y resucitar a Reimarus. Según esta teoría había dos cabezas: Pedro y Pablo. De aquí surgieron dos partidos, el de Pedro y el de Pablo. Hubo necesidad de un arreglo. De este arreglo surgió la Iglesia Católica. Los Evangelios fueron escritos hacia el año 130, ya que hay que presentarlos como elaboración de una Iglesia posterior a las primeras actividades de Pedro y los demás "testigos oculares"(Lc 1,1-4), con el fin de defender a ambos partidos. Por lo tanto los Evangelios se propusieron engañar.

Pero este muerto resucitado no convenció: los Evangelios fueron escritos en el Siglo I[76]. La realidad es muy otra a la planteada por esta 'teoría'. El contenido del encuentro de Antioquía demuestra la sencillez y no el pretendido aire de polémica. La discusión existió, se trató una cuestión, se opinó. Pero Pablo se sometió a Pedro por ser él quien debía determinar como cabeza de la Iglesia.

Esta última teoría la defendió y creó **Fernando Bauer** († 1860). El mismo Harnack, paladín de la crítica racionalista, afirma que el aparato crítico de Bauer carece de valor y es despreciable.

Parecería que uno que habla así debería aportar argumentos más valiosos, pero en la lucha contra la verdad todos se marean y se estrellan aunque tengan gran talento. Es que la pasión es patrimonio de todo hombre, pero ciega al que no se dispone con interna sinceridad.

Defensa

1. Los Evangelistas y sus Evangelios son dignos de crédito porque sabían la verdad y querían sencillamente comunicarla.

---

[76] Aquí también se ve diáfanamente la importancia que tienen para el fiel católico la datación y autoría de los Evangelios, que muchas veces se considera entre las cuestiones secundarias o sin importancia. Ante la presencia de tanta teoría se vuelve éste un trabajo arduo, pero a todas luces necesario.

2. Prescindiendo de la honestidad de los autores de los Evangelios, el examen interno de los textos muestra una veracidad innegable.

3. Hay un rechazo de los Apócrifos. No creían cualquier cosa.

4. Toda otra explicación fracasa.

5. El único fundamento de los adversarios es la negación de la posibilidad de lo sobrenatural. Pero se encuentran con los milagros de Lourdes, los milagros de Fátima, el convertido Alexis Carrel[77], etc. Y en los mismos Evangelios, la testificación de auténticos milagros es incontestable. ¿Es posible acaso negar la resurrección de Cristo?

6. "Por sus frutos los conoceréis" (Mt 7,16). ¿Qué frutos dio la negación? Absurdos, ridículos, torre de Babel, negación de la existencia de la más grande realidad y consoladora esperanza de la humanidad: Jesucristo.

¿Qué frutos la afirmación? Los santos, los mártires, el cristianismo, la Iglesia, la caridad, etc., etc...

7. La adhesión de las mentes más esclarecidas: Agustín, Tomás, etc.

8. Para los católicos consta que fueron escritos para entregar a la posteridad la verdad de Jesús, que Dios ha revelado para que su contenido responda exactamente a los hechos[78].

22. OTROS ARGUMENTOS HISTÓRICOS

Como hemos visto, los Evangelistas y Evangelios son claramente muy anteriores al año 150 de nuestra era. Por tanto conocieron lo que escribieron, no hablaron de oídas, al menos Mateo

---

[77] Ver La Educación Cristocéntrica del P. Fortini, Libro III. Hablar con Dios, Cap. II.

[78] Se presenta justamente aquí el principio y dogma católico de la inspiración sagrada de los Evangelios. En efecto, se debe hablar del "dogma católico" de la inspiración de la Escritura. Cfr. CONCILIO de TRENTO, E.B. n° 51; LEON XIII, E.B. n° 120; San PIO X, E.B. n° 213; BENEDICTO XV, E.B. n° 503; PIO XII, E.B. n° 699.

y Juan. Y Marcos y Lucas fueron laderos, o mejor meturgemanes de Pedro y Pablo respectivamente, y sabían hasta el hartazgo lo oído repetidamente durante años.

Lucas es médico y no un crédulo. Los mismos Apóstoles fueron los más encarnizados o duros en creer hasta que Jesús no les mostraba las cosas. "Tocad", "palpad" (Lc 24,39), etc.

Los hechos eran notorios para toda Palestina, de ser patrañas, hubieran sido desmentidos por los adversarios y por los creyentes sinceros amigos de Jesús.

Supuesto que no quisieron mentir. Además ellos vivieron conforme al Evangelio y fueron consecuentes hasta la muerte en el tormento[79].

Dice muy bien **Renán**: "Si la vida y la muerte de Sócrates son las de un sabio, la vida y la muerte de Jesús son la vida y la muerte de un Dios. ¿Afirmaremos que la historia del Evangelio es una caprichosa invención? Amigo mío, no es así como se inventa, y los hechos de Sócrates -por nadie puestos en duda- están menos demostrados que los de Jesucristo. Esto en el fondo es rechazar la dificultad sin solventarla. Sería más inconcebible que cuatro hombres, puestos de acuerdo, hubiesen fabricado este libro que lo es el que uno solo (Jesús) haya proporcionado el asunto del mismo. Jamás los autores judíos hubieran encontrado este tono y esta moral. Tiene el Evangelio caracteres de verdad tan grandes, tan patentes, tan inimitables por lo perfecto, que el inventor resultaría más asombroso que el héroe"[80].

Otra prueba contundente de la autenticidad de los Evangelios, es el rechazo de los Apócrifos. Llega a decir San Pablo: "aun cuando yo mismo, o un ángel bajado del cielo os anuncie un evangelio distinto del que os hemos anunciado, sea anatema"(Gal 1,8), esto es, sea maldito.

---

[79] "Creo en testigos que dan la vida por lo que afirman" decía asombrado Tertuliano de los primeros mártires cristianos.

[80] Cfr. Juan J. Rousseau, Emile, I, IV.

Además, admitir los Evangelios es tener la llave para poder reconstruir al Jesucristo admitido por la tradición cristiana.

23. CONCLUSIÓN

Luego todo lo que los Evangelios dicen es la verdad.

Luego consta indubitablemente su carácter histórico, y la existencia de Jesús. Sus milagros están en testimonio de su enseñanza. Consta que Él se decía y declaraba Dios, igual al Padre. Todo esto según la historia. De aquí a la Fe, hay sólo un paso. Este paso no se da sin la gracia de Dios.

Con la gracia de Dios este acto de fe se hace fácilmente y con suavidad; y en esta fe se halla la suma felicidad y el contento del encuentro con Dios en el tiempo y en la eternidad. Esta gracia, Dios Nuestro Señor Jesucristo, la da misericordiosamente a todo hombre de buena voluntad que con sincero corazón busque la Verdad y el Amor[81].

NOTAS COMPLEMENTARIAS DEL PADRE ERDELE

La preocupación por la historicidad de los Evangelios que nos llevan y acercan a Jesucristo es un tema capital en la vida de todo cristiano, pero en particular en la vida de los que son sus continuadores en la obra de la "predicación a todas las gentes"(Mt 28,19)[82].

---

[81] Cfr. Juan Carlos ROUGÉS. También a DELEPIERRE, S.J., c.III; y la Conferencia del P. LABURU, *"Jesús en la historia"*.

[82] "Por lo que atañe a la interpretación de la Escritura, la fe tiene algo que decir, y que, por consiguiente, también los pastores están llamados a corregir cuando se pierde de vista la índole particular de este libro, y una objetividad, que es pura sólo en apariencia, hace que desaparezca lo propio y específico de la sagrada Escritura. Por ello, ha sido indispensable una laboriosa investigación para que la Biblia tuviera su justa hermenéutica y la exégesis histórico-crítica su justo lugar. Me parece que en este problema, discutido entonces y ahora, se pueden distinguir dos niveles. En un primer nivel, debemos preguntarnos hasta dónde se extiende la dimensión puramente histórica de la Biblia, y dónde comienza su especificidad, que escapa a la mera racionalidad histórica." Así, el Card. RATZINGER Joseph, Prefecto de la Sagrada Congregación para la Doctrina de la Fe, *Ponencia del cardenal Joseph Ratzinger con ocasión de los cien años de la constitución de la Pontificia Comisión Bíblica*, Roma, 10-Mayo-2003.

El Concilio Vaticano II, en la Constitución dogmática sobre la divina Revelación, declara solemnemente que "la Santa Madre Iglesia ha defendido siempre y en todas partes, con firmeza y máxima constancia, que los cuatro Evangelios mencionados, cuya historicidad afirma sin dudar *(quorum historicitatem incunctater affirmat),* narran fielmente lo que Jesús, el Hijo de Dios, viviendo entre los hombres hizo y enseñó (fecit et docuit) realmente para la eterna salvación de los mismos hasta el día de la ascensión"[83]. En la redacción de este pronunciamiento solemne intervino personalmente con una carta del 17 de octubre de 1965 Pablo VI, "quien insatisfecho por la formulación hecha en precedencia por la Comisión Doctrinal, propuso cambiar la fórmula 'vera et sincera' por **'vera seu historica fide digna',** ya que la primera no garantizaba la historicidad de los evangelios; y sobre este punto, como es obvio, el Santo Padre no podría aprobar una fórmula que diese pie a duda sobre la historicidad de estos santísimos libros"[84].

En definitiva es la Iglesia quien me presenta el texto de los Evangelios canónicos, tanto que es ya axiomática la conocida afirmación de San Agustín: "No creería en el Evangelio, si no me moviera a ello la autoridad de la Iglesia Católica"[85]. Y a esta presentación de la Iglesia corresponde apropiadamente sólo el obsequio de la Fe a la que presta un indispensable servicio la ciencia bíblica. Éste es el punto capital al que debe abocarse -según calificados observadores- la Iglesia hoy, dar los caminos de Fe y ciencia que conduzcan al hombre de nuestros días junto al Jesús histórico, esto es, al Jesús de los Evangelios.

El Card. Joseph Ratzinger, Prefecto de la Sagrada Congregación para la Doctrina de la Fe y en el importante marco del

---

[83] *"Sancta Mater Ecclesia firmiter et constanissime tenuit ac tenet quattuor recensita Evangelia, quorum historicitatem incunctanter affirmat, fideliter tradere quae Iesus Dei Filius vitam inter homines degens, ad aeternam eorum salutem reapse fecit et docuit, usque in diem qua assumptus est (Act 1,1-2)".* Cfr. *Dei Verbum* n° 19. Es importante leer aquí todo el n.19 de este documento conciliar, para apreciar la portada de su insistencia en la historicidad de los Evangelios.

[84] Cfr. CAPRILE G., *Tre Emendamenti allo Schema sulla Rivelazione (Apunti per la Storia del testo):* CC 117 (1966), p.228ss.

[85] Cfr. San AGUSTÍN, *De Consensu Evangelisarum,* 2, 21, 51ss, PL 34, 1102.

Sínodo de los Obispos del año 2001, aportó al respecto esta profunda y dramática reflexión:

"El munus docendi confiado al obispo es un servicio al Evangelio y a la esperanza. La esperanza tiene un rostro y un nombre: Jesucristo, el Dios con nosotros. Un mundo sin Dios es un mundo sin esperanza. Estar al servicio de la esperanza quiere decir anunciar a Dios con su rostro humano, con el rostro de Cristo.

"El mundo tiene sed de conocer, no nuestros problemas eclesiales, sino el fuego que Jesús trajo a la tierra *(cf. Lc 12,50). Sólo si nos hemos hecho contemporáneos de Cristo, y este fuego arde dentro de nosotros, el Evangelio que anunciamos tocará los corazones de nuestros contemporáneos. Este anuncio exige la valentía de la verdad y la disponibilidad para sufrir en nombre de la verdad (cf. 1Ts 2,2).*

Entrar en la sucesión apostólica implica entrar también en esta lucha por el Evangelio. En nuestra cultura agnóstica y atea, el obispo, maestro de la Fe, está llamado al discernimiento de los espíritus y de los signos de los tiempos.

El problema central de nuestro tiempo es que la figura histórica de Jesucristo ha sido vaciada de su sentido*. Un Jesús empobrecido no puede ser el único Salvador y mediador, el Dios con nosotros: Jesús es reemplazado con la idea de los 'valores del reino' y se convierte así en esperanza vacía. **Tenemos que regresar con claridad al Jesús de los Evangelios, ya que sólo él es el auténtico Jesús histórico** (cf. Jn 6,68).*

Si los obispos tienen el valor de juzgar y decidir con autoridad en esta lucha por el Evangelio, la tan auspiciada descentralización se realizará de forma automática. No se trata de decidir sobre las cuestiones teológicas de los especialistas, sino sobre el reconocimiento de la fe bautismal, fundamento de toda teología. La fe es el verdadero tesoro de la Iglesia (cf. Mt 13,45ss.)"[86].

---

[86] Card. RATZINGER Joseph, Prefecto de la Sagrada Congregación para la Doctrina de la Fe, intervención en el *Sínodo de los Obispos*, Roma, Octubre 2001, L'Osservatore Romano, Lengua Española, 10-Oct-2001, p.20.

Si el problema es entonces el vaciamiento de la historicidad de Jesucristo y los Evangelios, nos pareció también oportuno dar a continuación otros argumentos e informaciones que ayudarán al lector moderno a ver desde otros ángulos la reafirmación de los principales principios de historicidad evangélica dados en estas notas. Pues siempre deberá evitarse la unilateralidad, es decir, no limitarse "ni a un comentario espiritual desprovisto de base histórico-crítico, ni a un comentario histórico-crítico desprovisto de contenido doctrinal y espiritual"[87]. Si bien la búsqueda del sentido espiritual adolece en muchos de los comentarios evangélicos modernos, la Iglesia nunca dejó de recomendarlo[88]. Estas notas se proponen secundar las indicaciones magisteriales en orden a seguir en la interpretación de los Evangelios el camino marcado por la Iglesia, esto es, "una síntesis entre las perspectivas permanentes de la Teología... y los nuevos logros metodológicos de la era moderna"[89].

24. LA INTERPRETACIÓN DE LOS EVANGELIOS: FILOSOFÍA Y FE

Queremos destacar en este punto el problema filosófico de la verdad evangélica, es decir de la adecuación de nuestras inteligencias a lo que Dios quiso decirnos a través de estos cuatro libros que llamamos "Evangelios". Y en esto coincidimos tanto defensores como impugnadores de la Sagrada Escritura, estamos ante un problema filosófico, ante una determinada manera de conocer la Palabra de Dios.

---

[87] Cfr. PONTIFICIA COMISIÓN BÍBLICA, *La interpretación de la Biblia en la Iglesia*, Ed. Vaticana, Ciudad del Vaticano 1993, III, D, 1-2.

[88] Idem nota anterior.

[89] Cfr. Cardenal RATZINGER Joseph, PREFACIO al DOCUMENTO de la PONTIFICIA COMISIÓN BÍBLICA, *La interpretación de la Biblia en la Iglesia*. La misma idea aunque expresada de modo algo diverso es expresada por JUAN PABLO II, Discurso sobre *La Interpretación de la Biblia en la Iglesia*, del 23 de abril de 1993. También Discurso del Cardenal RATZINGER J., a los participantes en el Congreso organizado por la Pontificia Universidad Lateranense por los 25 años de Pontificado de Juan Pablo II, el viernes 9 de mayo de 2003.

En toda ciencia el método investigativo está primera y fundamentalmente determinado por su mismo objeto. Y el objeto que analizamos aquí tiene una doble vertiente, una divina y otra humana, pues es Dios quien ha escrito a través y por intermedio de unos hombres. Así, en la interpretación de la Biblia, se tendrá que contar con la presencia de una filosofía idónea para conocer el ser, y de una fe verdadera, que se alce hasta donde la sola razón no pueda[90].

"La mera objetividad del método histórico no existe. Es sencillamente imposible excluir del todo la filosofía, o sea, la pre-comprensión hermenéutica. Esto resultaba claro ya incluso en vida de Maier, por ejemplo, en el "Comentario a san Juan" de Bultmann, donde la filosofía heideggeriana no sólo servía para hacer presente lo que históricamente era lejano, actuando, por decirlo así, como medio de transporte que traslada el pasado a nuestro hoy, y también como puente que lleva al lector al interior del texto"[91].

Por ello, la importancia que tienen en los estudios teológicos y exegéticos los presupuestos filosóficos, que no son otra cosa que un conjunto de reglas y caminos que nos llevan más o menos cerca de la realidad, de las cosas, del ser. En Dios, adecuación a la realidad y realidad son una misma cosa, en Él verdad y ser se identifican, y por ello tranquilamente dijo Jesús lo que sólo quien es Dios puede decir, esto es "Yo soy la verdad" (Jn 14,6). Pero Dios, Verdad Suprema, se reveló por misericordia a los hombres, para que estos encontrasen más rápidamente y con seguridad el camino que los llevara a Él. Y en este proceso revelante, el cúlmen lo encontramos en la misma encarnación del "Verbo" de Dios (Jn 1,14), de la "Palabra de Dios"[92], quien se dirigió a los habitantes de la

---

[90] Ya lo decía el Papa LEÓN XIII, en la *Encíclica Providentissimus Deus*, al referirse a los estudios de la 'alta crítica', que en "la mayor parte están imbuidos en las máximas de una vana filosofía y del racionalismo" (n.39).

[91] Card. RATZINGER Joseph, Prefecto de la Sagrada Congregación para la Doctrina de la Fe, *Ponencia del cardenal Joseph Ratzinger con ocasión de los cien años de la constitución de la Pontificia Comisión Bíblica*, Roma, 10-Mayo-2003.

[92] Cfr. Act 4,31; 6,7; 8,14; 11,1; 12,24. Un clara alusión a que el anuncio de la Palabra es el anuncio del mismo misterio de Cristo lo tenemos en Col 4,3: "Orad al mismo tiempo también por nosotros para que Dios nos abra una puerta a la Palabra *(qu,ran tou/ lo,gou)*, y podamos anunciar el Misterio de Cristo *(to. musth,rion tou/ Cristou/)*, por

tierra de todos los tiempos y les condujo a la verdad por medio de "hechos y palabras"[93]. De hecho las respuestas magisteriales bíblicas de la Iglesia se dirigieron constantemente al fondo del problema y "manifestaron siempre la fe de la Iglesia en el misterio de la Encarnación"[94]. Y este es el objeto central de los estudios bíblicos, analizar este "cúlmen" de la revelación divina[95], pero el hacerlo requiere necesariamente de una determinada filosofía, que llega a tener así una importancia capital[96].

Por ende, no se pueden separar los estudios bíblicos de estos presupuestos filosóficos, como tampoco separar éstos de la Fe. Hablando de la exégesis católica, como ciencia al servicio de la teología, decía acertadamente el profesor Cardona C.: "Hoy como ayer la teología se hizo a partir de la Fe y con la filosofía. Manifiesta o escondida que sea su presencia, reconocida o menos por el teólogo, no hay teología en donde no se pueda individuar una filosofía: un modo científico de ejercitar la razón natural con la correspondiente consideración de la realidad total. Cuando esto no sucede, dicho estudio o estudioso, ya no es más teología sino fe (creyente), o una filología (filólogo), o una historia (historiador) o cualquier otra ciencia que se ocupa sólo de un aspecto de la verdad total"[97].

De la mima manera "si alguien estuviera equipado con todas las técnicas del estudio filológico e histórico, pero no se preocupara de añadir la experiencia fundamental de la nos habla el Nuevo

---

cuya causa estoy yo encarcelado".

[93] Cfr. *Dei Verbum*, capítulo 1, punto 2.

[94] JUAN PABLO II, *Discurso sobre La Interpretación de la Biblia en la Iglesia*, Editorial San Pablo, Buenos Aires 1993, p.8. El discurso fue pronunciado en francés por el Santo Padre el 23 de abril de 1993, con el título 'La interpretación auténtica de la Sagrada Escritura es de una importancia capital para la fe cristiana y para la vida de la Iglesia', en ocasión de los cien años de la Encíclica 'Providentissimus Deus' de León XIII y de los cincuenta años de la Encíclica 'Divino Afflante Spiritu' de Pio XII. Cfr. L'Osservatore Romano (castellano) del 30 de abril de 1993.

[95] Cfr. *Dei Verbum*, capítulo 1, punto 3.

[96] Así por ejemplo, "la interpretación existencial de Bultmann, conduce a encerrar el mensaje cristiano en una filosofía particular". PONTIFICIA COMISIÓN BÍBLICA, *La interpretación de la Biblia en la Iglesia*, p.72.

[97] Cfr. CARDONA C., *Il Passaggio alla Teologia*, en Divinitas 15,3 (1971), p.454.

Testamento, es decir la Fe, y así se acercara a interpretar la Sagrada Escritura, ese tal, jamás llegará a conocer la realidad que nos comunica en su mensaje el Nuevo Testamento"[98]. No es posible hacer buena exégesis sin una verdadera Fe, ya que, como insiste el Concilio Vaticano II, a "la Sagrada Escritura hay que leerla e interpretarla con el mismo Espíritu con que se escribió", considerando "la unidad de toda la Sagrada Escritura, teniendo muy en cuenta la tradición viva de toda la Iglesia y la analogía de la Fe"[99]. Todo esto no es optativo, sino un verdadero "deber de los exégetas, el trabajar según estas reglas para entender y exponer totalmente el sentido de la Sagrada Escritura", ya que "todo lo que se refiere a la interpretación de la Sagrada Escritura está sometido en última instancia a la Iglesia, que tiene el mandato y el ministerio divino de conservar y de interpretar la Palabra de Dios"[100].

Son necesarias entonces una sólida Fe por un lado, y una buena y de alguna manera cognoscible filosofía por el otro. El habitualmente controvertido J.Guitton, hablando sobre los métodos usados por gran parte de la exégesis moderna, afirmaba categóricamente: "Los métodos históricos solos no resolverán jamás el problema de la verdad histórica: no porque estos métodos dejen a un lado la filosofía, sino más bien, porque encubren una filosofía latente que no está ni explicitada ni criticada"[101]. Y esta filosofía latente de nuestros días está regida por el positivismo, el inmanentismo y en definitiva el agnosticismo[102]. En efecto, no sólo no es posible llegar al misterio del Evangelio (musth,rion tou/

---

[98] Con esta precisión se expresa el protestante convertido al catolicismo SCHLIER Heinrich, *Über Sinn und Aufgabe einer Theologie des Neuen Testament*, Freiburg 1964, p.11.

[99] Cfr. JUAN PABLO II, *Discurso Inaugural a la IV Conferencia General del Episcopado Latinoamericano*, 12 de octubre de 1992, Santo Domingo, Conclusiones, Buenos Aires 1992, p.13. Estos tres principios de interpretación que propone la *Dei Verbum* (n112) pueden considerarse clásicos en el acercamiento a las Escrituras. También la Pontificia Comisión Bíblica los ha propuesto. Cfr. Monseñor LUIS HERIBERTO RIVAS, *Revista Criterio*, Buenos Aires, 12/08/1993, p.423.

[100] Todos estos textos fueron extraídos de la *Dei Verbum*, capítulo 3, punto 12.

[101] Cfr. GUITTON Jean, *Le probème de Jésus*, en Oeuvres complètes, Paris 1968, t.II, p.407.

[102] Para todo esto ha de tenerse muy en cuenta las señalaciones que hiciera JUAN PABLO II, *Encíclica Veritatis Splendor*.

euvaggeli,ou)[103] sin la Fe, esto es con los solos métodos históricos, sino que tampoco es posible abordar esta realidad divino-humana sin una adecuada filosofía, que permita que mi inteligencia llegue al ser, a la existencia concreta de Jesucristo.

25. LAS MISMAS PALABRAS DE JESÚS

Una circunstancia particularmente importante a considerar, sobre todo en nuestros días, es el hecho de que nosotros hombres del Siglo veinte, por otra parte igual que los mismos santos padres, no tenemos el 'privilegio' de escuchar a Jesucristo, de caminar junto a Él como los discípulos de Emaús (Lc 24,13ss.), de tocarle el manto como la hemorroísa (Mt 9,20) o de verlo en el templo (Mc 11,15ss.), o en el monte (Mt 5,1).

Como se ve, no se trata aquí de considerar si nuestra inteligencia es capaz de conocer las cosas -realismo- o si por el contrario, sólo se debate en el sueño agnóstico de sus propias creaciones. El gran problema de teólogos y biblistas es primeramente el llegar a establecer las *"ipsissima verba Iesu"* y ciertamente también los *"ipsissima facta Iesu"* que aquellas explican. O dicho en forma de pregunta, ¿las palabras que leemos en nuestros Evangelios, son las mismas palabras que pronunció Jesús para llevarnos a su conocimiento, o son la explicación de las mismas hechas por los Evangelistas?

En teoría se acepta que el hombre sea capaz de conocer la realidad, en este caso, la de la Encarnación; pero por otra, se considera muchas veces que los caminos de acceso a ese conocimiento -nuestros Evangelios- más que sendas son verdaderos laberintos que sólo pueden recorrer exitosamente, hombres privilegiados que manejan varios idiomas y abundantes métodos de la exégesis científica. El problema en cuestión es el de la transmisión y hermenéutica de las palabras de Jesús consignadas en los Evangelios[104].

---

[103] Cfr. Rom 16,25 y Ef 6,19.

[104] En rigor, en los tiempos actuales en los que tanto se acentúan las diferencias, ya casi nadie acepta el considerar los evangelios en bloque; es decir, que 'se debe' hablar del

26. PALABRAS DE JESÚS O KERIGMA [105]

La cuestión es saber si los Evangelios nos transmiten las mismas palabras que pronunció Jesús, o si por el contrario, son la predicación y kerigma de los Evangelistas. ¿Los Evangelios son lo que Jesucristo dijo, o son lo que los Evangelistas dicen que dijo Jesús? La misma crítica moderna, quedó lógicamente desconcertada ante la presencia de muchos elementos de la tradición evangélica que parecían contar con una formulación demasiado inamovible. "Comparando las diferentes versiones de una sola y misma tradición en los evangelios sinópticos, se nota que de manera general, las variaciones no son tan importantes que nos permitan hablar de una tradición fluida, que no habría sido fijada sino poco a poco. Los cambios no son de la misma naturaleza que si desde el comienzo, una misma materia elástica hubiera sido formulada de maneras diferentes. Al contrario, los elementos de la tradición parecen haber tenido una formulación particularmente rígida. Las divergencias tienen, por regla general el carácter de adiciones, de supresiones o de pequeñas correcciones de la redacción del texto, que por lo demás, permanece sin cambios. El exégeta inglés Thomas W. Manson ha escrito, con su habitual modo incisivo, que los primeros agentes cristianos de la transmisión se acordaban mejor de las palabras de Jesús que de su comprensión. La conservación de la forma de los textos y la interpretación de su contenido no parecen haber marchado siempre al mismo paso"[106].

Por ello, junto con la búsqueda de las mismísimas palabras de Jesús apareció la preocupación por el conjunto de doctrina original, primario, y fundante, esto es el kerigma. *'In Anfang war die Predigt'*, en el principio existía (sólo) la predicación, habían pro-

---

Evangelio de Mateo, del Evangelio de Juan, o al menos de los Sinópticos y el Cuarto Evangelio. Creemos que es ésta una de las tantas verdades extralimitadas, vuelta loca.

[105] Para una seria consideración del problema de la contraposición bultamaniana de kerigma historia y consecuentemente del Cristo de los evangelios y Jesús de Nazaret y su respuesta, se puede ver el excelente libro de RIESENFELD Harald, *Unité et Diversité dans le Nouveau Testament*, Ed. du Cerf, Paris 1979.

[106] Cfr. GERHARDSSON B., *Préhistoire del Évangiles*, Ed. du Cerf, Paris 1978, p.111.

puesto radicalmente Dibelius y Bultmann, con lo cual se oponían de plano -por considerarlo inútil y fuera de todo realismo- a la consideración de la persona histórica de Jesús para dejar paso a la llamada consideración kerigmática. Según esta visión, a partir de un original kerigma, o conjunto de experiencias religiosas fundamentales, se habían desarrollado y organizado las creencias religiosas, que al hacerse más vivas, crearon los mitos y las figuras del héroe, Jesús[107]. Si bien son muchos los autores que de una u otra manera -por ejemplo el mismo Edward Schillebeecks, de gran influencia en el campo de los estudios de la moral católica[108]- siguen estas consideraciones, la justa reacción tampoco se hizo esperar[109].

Llegar a las mismas palabras de Jesús fue así el anhelo de muchos biblistas. En este sentido es de destacar la labor del protestante Joachim Jeremias, en particular en su libro *Las Parábolas de Jesús*[110], en donde con métodos exclusivamente científicos, redescubre como genuinas muchos 'logia Iesu'[111] de los evangelios considerados dudosos por otros críticos.

En esta misma dirección, aunque motivado ya no tanto por la preocupación casi exclusiva de las mismas palabras, sino más bien por la persona de Jesús -considerada central no sólo en los Evangelios sino en todo el NT-, son de destacar autores como L.Cerfaux, J.Dupont, y S.Zedda[112]. También preocupado por la per-

---

[107] Cfr. BULTUMANN R., *Geschichte der Synoptischen Tradition*, Göttingen 1973 (10Ed. 1921); *Jesus: Mythologie et Démythologisation*, Ed. Seuil 1968 (del orignal alemán 'Jesus', Ed. Mohr, Tübingen 1926); y DIBELIUS M., *Die Formegeschichte des Evangeliums*, Tübingen 1959 (10 Ed. 1919).

[108] Cfr. SCHILLEBEECKS E., *Jesus: an Experiment in Christology*, London 1979.

[109] Critican sin tapujos y directamente a Dibelius y Bultmann RIESENFELD H., *Unité et Diversité dans le Nouveau Testament*. También GERHARDSSON B., *Memory and Manuscript. Oral Tradition and Written Transmission in Rabbinic Judaism and Early Christianity*, Uppsala Pres, Copenhagen 1961, pp.324-335.

[110] Ediciones Verbo Divino, Estella, 1982; cfr. también JEREMIAS Joachim, *Teología del Nuevo Testamento*, Ediciones Sígueme, Salamanca 1975.

[111] Los logia (lo,gia) son "supuestos dichos o frases de Jesús" transmitidas por la tradición. Hay quienes entienden logia en un sentido más restrictivo; esto es siempre como dichos de Jesús, aunque lo reservan a aquellos encontrados fundamentalmente en Oxyrinco, Egipto. Así TUYA M.- SALGUERO José, *Introducción a la Biblia*, t.I, p.406.

[112] Hay que reconocer que CERFAUX L. hizo escuela con su libro *Jésus aux origines de la*

sona de Jesús, aunque concentrado en liberarla de las reflexiones pascuales con que los evangelistas las habían interpretado, se debe nombrar a Pierre Grelot[113], quien al mismo tiempo reacciona contra "la manía arqueológica de los modernos que buscan las *ipsisima verba Iesu* como si fueran restos fósiles"[114]. Buscando llegar a la misma persona de Jesús 'liberada' de estas consideraciones pascuales, se ubican también autores importantes, que por lo mismo dan gran relieve a las tradiciones anteriores a los Evangelios, sobre todo a las llamadas 'presinópticas'[115].

27. EL CONCEPTO DE HISTORICIDAD

Esta es una de las cuestiones que ineludiblemente debe afrontar el biblista que quiera interpretar las palabras de Jesús. Si lo planteamos en forma de pregunta podríamos decir así: Nuestros Evangelios, ¿nos han conservado las 'mismas' palabras de Jesús? Y de ser así, ¿cuáles son exactamente esas palabras? O al menos, ¿nuestros Evangelios, nos han conservado el mismo sentido de la palabras de Jesús? Tratar de orientar la respuestas a estas cuestiones será nuestro objetivo en las líneas siguientes[116].

Tradition. Matériaux pour l'histoire évangelique, Bruges 1968. Siguió su ruta el italiano ZEDDA Silverio, *Gesù storico alle origine della cristologia del Nuovo Testamento*, en Sacra Doctrina 16 (1971), pp.433-448. Otro esfuerzo digno de mención por la cantidad de conocidos exégetas que incluye, es el libro dirigido por DUPONT J., *Jésus aux Origines de la Christologie*, Ed. Leuven University Press et Editorial Duculot, Leuven-Gembloux 1975 (10 edición); en la 20 edición, Leuven University Press et Uitgeverij Peeters Leuven, 1989, colaboraron con J.Dupont, P.BENOIT, M.de JONGE, I. de la POTTERIE, A.L, DESCAMPS, E.E. ELLIS, A.J.FITZMYER, A.GEORGE, E.KÄSEMANN, J.LAMBERT, X.León DUFOUR, E.LINNEMANN, D.LÜHRMANN, J.B. MUDDIMANN, F.NEIRYCK Y M.RESE.

[113] Destacamos de GRELOT Pierre, *El Sentido Cristiano del Antiguo Testamento*, Ed. Desclée de Brouwer, Bilbao 1967; y del mismo autor *La Biblia, Palabra de Dios*, Ed. Herder, Barcelona 1968.

[114] Cfr. *Las Palabras de Jesucristo*, Ed. Herder, Barcelona 1988, p.367.

[115] Así por ejemplo CERFAUX L., *En Marge de la Question Synoptique. Les Unités Littéraires antérieures aux Trois Premiers Évangiles*, en el libro de A.A.V.V., *La Formation des Évangiles. Problème Synoptique et Formegeschichte*, Desclée de Brouwer, Louvain 1957, pp.24-33. También REICKE B., *The Roots of the Synoptic Gospels*, Ed. Fortress Press, Philadelphia 1986, pp.45-67.

[116] Un análisis de todo esto se puede ver en CASCIARO J.M., *Exégesis Bíblica, Hermenéutica y Teología*, pp. 20-21 y 43-51.

Corre aquí un papel capital la idea que se tenga de la historicidad de los relatos evangélicos. El concepto de historia es uno de los puntos claves de acercamiento al problema que nos aqueja. Tradicionalmente se tenía un concepto de historia más preciso, delimitado y realista, que facilitaba la respuesta a estas cuestiones. En el campo filosófico Federico Suárez trae una conocida definición diciendo que "lo que siempre se ha venido entendiendo por historia es la narración de hechos verdaderos, pertenecientes al pasado y de cierta relevancia"[117]. Se entiende entonces por historia un relato de hechos realmente ocurridos en el pasado y que tengan cierta envergadura. No es que los hechos triviales del pasado no pertenezcan también a la historia, pero en general ésta no se ocupa de ellos, no los incluye. Y en el campo concreto de la historia bíblica, el Papa Bendicto XV advertía que "la ley principal de la historia es que lo escrito ha de convenir con los hechos, tal como realmente se realizaron"[118].

Pero sobre todo desde la segunda mitad del Siglo XIX las distintas interpretaciones y los mismos estudios católicos de la Biblia estuvieron influenciados por un matiz fuertemente positivista, enmarcado por una crítica histórica racionalista, la exégesis bíblica protestante y liberal y el modernismo católico. En este marco, surgieron estudios de personas que si bien mostraban preocupaciones apologéticas, no escaparon del marco positivista en sus diversas consideraciones[119], todo lo cual tuvo ingerencia directa en la definición de la palabra historia.

Se pretendía -se decía- llegar a escuchar la misma voz de los orígenes, la "mismísima voz de Jesús". Por ello se repetían palabras como la consideración 'objetiva' de los Evangelios, para llegar a la misma verdad 'fáctica', es decir que me conecte con los mismo hechos ocurridos en la Palestina del siglo primero de

---

[117] Cfr. SUAREZ Federico, *La Historia y el Método de Investigación Histórica*, Ed. Rialp, Madrid 1977, .p.22.

[118] Cfr. BENEDICTO XV, *Encíclica Spiritus Paraclitus*, Dz. 2187.

[119] Así por ejemplo, GRELOT Piere, *Los Evangelios y la Historia*, Ediciones Herder, Barcelona, 1987, pp.45-47; *Las Palabras de Jesucristo*, Ediciones Herder, Barcelona, 1988, pp.362ss.

nuestra era. Por todo ello se puso inmenso cuidado en separar en los evangelios aquello que tenía sabor a "ipsissima vox Iesu" de aquello que se consideraba cosecha del evangelista, tal como los sumarios, los enmarcamientos de los distintos sucesos y dichos, y los mismos relatos. En campo protestante, el gran representante de esta búsqueda era Joachim Jeremias, quien manifestó ese su interés en diversas obras. Quizá, la que más condensa su pensamiento sea su *'Teología del Nuevo Testamento'*[120].

Son sin embargo muchos los autores modernos que se basan en la encíclica Divino Afflante Spiritu de 1943 y la consideran como el punto partida de una nueva orientación eclesial de un sentido de historia "un poco más flexible"[121]. En esta dirección interpretan la instrucción Sancta Mater Eclesia de 1964 De veracitate historica Evangeliorum, y la misma constitución Dei Verbum del Concilio Vaticano II, y toda la historia previa de las sucesivas redacciones del documento[122].

28. LETRA O SENTIDO DE LAS FRASES

En estas últimas décadas, se ha venido insistiendo de una u otra manera en la precisación de lo que Jesús quiso decirnos a través de los Evangelios. Se ha buscado no tanto la literalidad de lo que el Verbo Encarnado dijo, sino su significado, su sentido.

El buscar la misma voz, el sonido de las palabras de Jesús, ha sido algo siempre puesto en gran estima por muchos seguidores o estudiosos del Nazareno. Así estando en la cárcel, el poeta Oscar Wilde, que consideraba como un hecho la posibilidad de que el Cristo habló

---

[120] Cfr. JEREMIAS Joachim, Ediciones Sígueme, Salmanca 1975, 2 volúmenes. Se vea también CASCIARO J.M., *Teología del Nuevo Testamento*, Ediciones Universidad de Navarra, Pamplona 1982, pp. 63-112.

[121] Sólo con el afán de citar los autores de más renombre en la materia podemos aludir a SCHÖKEL Luis Alonso, *Comentarios a la constitución Dei Verbum sobre la divina revelación*, BAC 284, Madrid 1969; CABA José, *De los Evangelios al Jesús Histórico*, BAC 316, Madrid 1971; MARROU Henri-Irenée, *Brève Hitoire de l'exégèse critique du Nouveau Testament*, 'Les Quatre Fleuves' n17 (1977), p.13ss.

[122] Cfr. VATICANO SEGUNDO, *Acta Synodalia Sacrosancti Concilii Oecumenici vaticani II*, Typis Polyglottis Vaticanis, vols.I-IV, Romae 1970-1978.

habitualmente el griego, se consolaba pronunciando y escuchando la ipsissima vox Jesu, en el mismísimo aspecto material de esta afirmación. Así afirmaba que "después de haber limpiado mi celda y lavado mis cubiertos... es para mí una delicia pensar que Él pronunció realmente Egw, eivmi o` poimh.n o` kalo,j (yo soy el buen pastor), que cuando pensó en los lirios del campo se expresó exactamente katama,qete ta. kri,na tou/ avgrou/ (fijaos en los lirios del campo), y que su último grito fue 'todo está cumplido' o tete, lestai"[123].

Pero ciertamente más importante que esto es el entender lo que Jesús dijo e hizo. De muy poco nos servirán entonces -por ejemplo- los años de griego y hebreo, si estos no nos acercan más a la realidad de lo que este Dios vino a realizar entre los hombres, y al significado de lo que todo ello tiene para mí. Es -creo yo- muy estúpido lo que hacen los adolescentes -y a veces no sólo ellos- al escuchar y tararear e incluso cantar materialmente canciones -por ejemplo en inglés- sin entender una filigrana de lo están diciendo, y muchas veces pronunciando 'materialmente' frases que nunca dirían si entendieran su significado. De la misma manera es poco significativo el que me lean el Evangelio en griego o arameo, si no entiendo un rábano de lo que allí se me dice. Lo que realmente vale en todos estos casos, es el conectarme con aquella realidad que esos sonidos o palabras transmiten.

En una confesión sacramental de una persona -por ejemplo-, lo importante no es tanto el idioma en el cual ésta la haga, sino en la posibilidad que le dé éste para poner delante del confesor aquella acción de la cual espera por su intermedio el perdón de Dios. Me contaron una vez que una niña le dijo al confesor muy compungida y llorando: "Le he sacado la lengua a la abuelita". El confesor -que había ciertamente mal interpretado- la consoló diciendo: "No te aflijas hija mía, en realidad lo que haz hecho no es tan grave como para que te entristezcas tanto", pero ante la sorpresa del sacerdote la niña respondió: "Si padre, pero ¿qué hago con la lengua de la abuela?"... En este caso se ve claro, qué

---

[123] Extractado del *De Profundis*, citado por CASTELLANI Leonardo, *Evangelio de Nuestro Señor Jesucristo*, Ed. Dictio, Buenos Aires 1957, p.32.

más importante que el sonido material 'lengua' es el saber a que realidad o lengua se refiere ese sonido; la cuestión está en precisar si la lengua en cuestión era la de la niña o la de la abuela, y si sacar significa 'hacer asomar de la boca' o 'arrancar'... El significado es más importante que la materialidad de lo que se ha dicho, aunque convenga recordar, que es precisamente a través de ese sonido material que nosotros llegamos al sentido o realidad que se nos quiere transmitir. Así quien conozca más de una lengua podrá apreciar claramente que es más fácil transmitir ciertos tipos de realidades en un idioma que en otro, y que por lo mismo no es tan fácil traducir obras de un idioma al otro, y esto no sólo por mala voluntad o impericia del *'tradutore-traditore'*, sino también porque importan sobremanera las palabras concretas con las cuales se pronunció algo.

A nosotros nos importa considerar aquí estos principios a lo que los evangelios nos transmiten de las acciones y palabras de Jesús, es decir a lo que San Mateo, Marcos, Lucas y Juan dicen que dijo e hizo Jesucristo. Por poseer la gracia de la inspiración, los evangelistas fueron ciertamente fieles al sentido de los hechos y palabras del Señor, pero ello no significa que descuidaran o menospreciaran el medio o voz material, a través de la cual el Verbo Encarnado se reveló a los hombres.

29. DISCURSOS SUMARIOS Y RESÚMENES

Es tangible a cualquier persona que se acerca con el más elemental espíritu crítico a los Evangelios, que estos nos refieren de muy diversas maneras los discursos del Señor. Por ejemplo en Mateo el trabajo redaccional es evidente, si consideramos que la misma fórmula concluye cada uno de los cinco grandes discursos o sermones de Jesús reportados en su Evangelio. Se trata de la expresión "cuando terminó Jesús estos discursos" *(o[te evte, lesen o` VIhsou/j tou.j lo, gouj tou, touj),* con la que se concluye el sermón del monte (Mt 7,28), el sermón misionero (Mt 11,1), el sermón acerca de las parábolas del reino (Mt 13,53), el sermón eclesial (Mt 19,1), y el sermón escatológico (26,1). Es evidente, que san Mateo, por lo menos ordenó estos sermones del Señor.

Pero si nos acercamos un poco más al reporte que nos hacen los Evangelios, nos encontraremos con que en ellos hay fundamentalmente tres maneras de referir los discursos *Christi.* Una primera manera, es la simple alusión a que 'Jesús dijo' o 'decía un discurso', sin referir a continuación el contenido del discurso; este tipo de referencia es muy frecuente[124]. Hay en los Evangelios una segunda manera de referir los sermones de Jesús, y es haciendo un sumario de alguna intervención del Señor. Así por ejemplo, san Lucas trae[125] en apenas seis versículos una discusión que Jesús mantuvo con algunos escribas y fariseos acerca del ayuno, pero que en la realidad tiene que haber durado algo más. Por ello hay autores que distinguen entre 'el tiempo real' y el 'tiempo del relato'[126], y entre la velocidad con la que el evangelista contó el hecho y la velocidad con la que éste realmente se desarrolló. Es decir, san Lucas 'resumió sumariamente' aquella escena que vio de frente a Jesús con sus habituales adversarios. Pero encontramos todavía una tercera manera con la que los evangelistas consignaron algunos discursos de Cristo y es haciendo un reporte más amplio, aunque no por ello no resumido. Si tomamos por ejemplo el mismo sermón de la montaña de san Mateo, que es el más largo de los que se leen en nuestros Evangelios canónicos, veremos que éste en realidad no consta de más de ciento once versículos y que en ellos Jesús abarca un abanico verdaderamente importante de temas[127], que leídos pausadamente no implican más que quince minutos. Todo lo cual nos indica, que incluso en este sermón -más largamente reportado- el evangelista 'resumió' aquel solemne encuentro de Jesús con la multitud en el monte.

---

[124] Entre otros cfr. Mt 4,12-17; Mc 1, 14-15; 1,21-22; 6,32-36; Lc 4,31-32; 4,16-28, etc.

[125] Cfr. Lc 5,33-38.

[126] Cfr. GENETTE G., *Figuras III*, Ed. Lumen, Madrid 1989, pp.144-166. También BALAGUER V., *Testimonio y Tradición en San Marcos. Narratología del segundo Evangelio*, Ed. U.Navarra, Pamplona 1990, pp.163-164 y 171-172.

[127] Los temas más importantes que se van sucediendo son: las bienaventuranzas, los discípulos como sal de la tierra y luz del mundo, Cristo ante la ley, las antítesis, limosna, ayuno y oración, el Padre Nuestro, confianza en la providencia divina, no juzgar mal al prójimo, respeto por las cosas santas, la puerta angosta, los falsos profetas, cumplimiento de la voluntad divina, necesidad de edificar sobre roca.

30. EL APORTE DE LOS EVANGELISTAS

El Evangelista no es la mecánica máquina de escribir del Espíritu Santo, sino el "instrumento racional y libre" de Dios. De manera que en el concreto Evangelio hay aportes tanto de Dios como del Evangelista. Pero que el Evangelista haya aportado resumiendo o lo que fuera, no significa que halla tergiversado los 'contenidos' con los que Cristo adoctrinaba a las muchedumbres y a sus discípulos. Nos alegra que en nuestros días se halla en parte superado la oposición insostenible entre el Cristo de la historia y el Cristo de la Fe[128]. Es que se ha ido tomando conciencia de que la verdadera Fe me une necesariamente a unos hechos, aunque también se ha comprendido que estos hechos de Jesús nos han llegado por medio del relato que nos hacen de Él los evangelistas[129].

Como ha señalado en el año 1964 la Pontificia Comisión Bíblica, que ha seguido doctrinas y principios de acercamiento ya presentes en la era patrística, "los autores sagrados escogieron algunas cosas; otras las sintetizaron; desarrollaron algunos elementos mirando a la situación de cada una de las Iglesias, buscando por todos los medios que los lectores conocieran el fundamento de cuanto se les enseñaba (cfr. Lc 1,4)... Pero dependiendo el sentido de un enunciado del contexto, cuando los evangelistas, al referir los dichos y hechos del Salvador, presentan contextos diversos, hay que pensar que lo hicieron para utilidad de sus lectores... Verdaderamente no va contra la verdad de la narración el hecho de que los evangelistas refieran los dichos y hechos del Señor en

---

[128] Esto es realidad tanto en campo católico como protestante. Cfr. DUPONT J., *Jésus aux Origines de la Christologie*, op. cit. p.458. Entre las obras que acentuaban esta oposición y que influyeron en los estudios posteriores debemos ubicar a CABA José, *De los Evangelios al Jesús Histórico*, Ed. BAC, Madrid 1971; y LATUORELLE René, *L'Accès à Jésus par les Évangiles. Histoire et Herméneutique*, Ed. Desclée et Cie-Bellarmin, Tournai-Montréal 1978.

[129] Cfr. GRELOT Pierre, *Las Palabras de Jesucristo*, p.365.

orden diverso (S.J.Crisóstomo[130]) y expresen sus dichos no a letra, sino con cierta diversidad, conservando su sentido (S.Agustín[131])"[132].

Unos meses después a este pronunciamiento eclesial, el cardenal A. Bea afirmaba: "[Los Apóstoles] le han acompañado [a Jesús] en muchos viajes y han oído muchos de sus inolvidables discursos. Debían, es cierto, reincidir siempre en los mismos temas esenciales; pero también los variaban en parte, según su auditorio de mentalidad más o menos culta, etc. Es sabido que en tales casos, aun tratándose de idénticos temas fundamentales, se suelen introducir pequeñas variantes, cambiar imágenes y comparaciones; y, según el público, usar procedimientos y métodos más imaginativos o más intelectuales. Concedido, pues, que los Apósotoles hagan brotar su predicación de una fuente tan variada y rica, se podrá en muchos casos por lo menos preguntar, si se trata o no efectivamente de un mismo acontecimiento o dicho de Jesús, cuando en los hechos o dichos referidos por dos o más evangelistas aparecen ligeras diferencias"[133].

Por este camino trazado por el Magisterio de la Iglesia, el mismo trabajo de la crítica bíblica fue orientando a los estudiosos al rechazo de la insostenible oposición entre el Jesús del Evangelio y el Jesús de la historia[134]. En efecto, para muchos exégetas, hoy la hipótesis más plausible, es el considerar para los evangelios una única fuente[135], y esta no es otra que la misma predicación de Jesús. Quizá halla que dejar de buscar esta siempre hipotética 'Quelle' o fuente 'Q', sobre la cual tantas hipótesis se han construido, y

---

[130] Cfr. San JUAN CRISÓSTOMO, *In Matt. Homil.*, PG 57, pp.16-17.

[131] Cfr. San AGUSTÍN, *De Consensu Evangelisarum*, 2, 21, 51ss, PL 34, 1102.

[132] Cfr. PONTIFICIA COMISIÓN BÍBLICA, *Instrucción Sancta Mater Ecclesia, acerca de La Verdad historica de los Evangelios*, del 21 de abril de 1964, n13.

[133] Cfr. BEA Agustín Cardenal, *La Historicidad de los Evangelios*, Ed. Razón y Fe, Madrid 1965.

[134] Para un fundamental y válido acercamiento crítico a los escritos del NT, se puede ver SCHLIER H., *Problemas exegéticos fundamentales en el Nuevo Testamento*, Ediciones Fax, Madrid 1970; y ZIMMERMANN H., *Los métodos histórico-críticos en el Nuevo Testamento*, Ediciones BAC, Madrid 1969. EGGER Wilhelm, *Metodologia del Nuevo Testamento*, Edizione Dehoniane, Bolonia 1989.

[135] En este sentido nos parecen importantes las aportaciones del libro que refiere el 'Symposium of Jerusalem 1984'. En especial la publicación de allí sacada, de DUNGAN D.L., *The Internnelations of the Gospels*, Leuven, University Press, Uitgeverij Peeters 1990.

concentrase en el mismo Jesús. Es decir, las diferencias en los relatos evangélicos nos dan razón de los trabajos redaccionales de los evangelistas, pero las semejanzas, parecidos y las muchas identidades, nos hablan de lo que el mismo Jesús dijo e hizo[136]. La mayoría de los exégetas afirman la coincidencia de fondo, forma y orden en los relatos de la institución de la Eucaristía[137], del Bautismo de Jesús[138], etc. Sin embargo conviene precisar -como lo hace P.Grelot[139]- que no es tanto la literalidad material de las *ipsisima verba Iesu* lo que siempre interesó a la Tradición y a la Iglesia, sino sobre todo su sentido. Por ello, no sólo no impidió sino que promovió la traducción de la Biblia a otras lenguas desde los tiempos más remotos.

Como siempre también aquí, el problema lo constituyen los reduccionismos; pues en la historia, los errores fundamentales se repiten. Algunos tienen la tendencia -como la tuvieron los propulsores de la dictación mecánica[140]-, de transformar la Biblia y consecuentemente a los Evangelios en una especie de fax del Espíritu Santo, en donde cada palabra o cada grafía es la *ipsisima verba Iesu*[141]. Nadie puede negar que la palabra de Dios se encarnó en los hagiógrafos, y esto es también cierto en el caso de los evan-

---

[136] Como conclusión de su seria investigación RIESENFELD Harald dice: "Nosotros hemos intentado dar una respuesta a la cuestión del origen de la tradición de los Evangelios. Y nosotros tenemos que ver últimamente su origen en Jesús y su autoconciencia mesiánica. Jesús no es sólo el objeto de un posterior acto de fe -de la comunidad primitiva- que hace surgir y crecer una tradición oral y escrita, sino que como Mesías y maestro, Jesús es el objeto y el sujeto de una autorizada y santa tradición de palabras que Él mismo ha creado y confiado a sus discípulos para una posterior transmisión en la época que va desde su muerte a la parusía". Cfr. *The Gospel Tradition and its Beginnings*.

[137] Cfr. LÉON-DUFOUR X., *Sharing the Eucharistic Bred*, Paulist Press, New York 1986, pp.46-156.

[138] Los tres sinópticos traen aquí el mismo orden: ministerio de Juan, bautismo de Jesús, tentaciones en el monte, comienzo del ministerio de Jesús en Galilea. Cfr. REICKE B., *The Roots of the Synoptic Gospels*, Fortress Press, Philadelphia 1986, pp.24-44.

[139] Cfr. Las Palabras de Jesucristo, p.38-39. En una obra más reciente el mismo autor dice acertadamente: "Se puede constatar, que la verdadera fidelidad no consiste en la memorización material (de las palabras de Jesús), sino en la asimilación de su portada esencial, presentada inteligentemente".
Cfr. GRELOT Pierre, *La Tradition Apostolique*, Ed. du Cerf, Paris 1995. p.74. El mismo autor ya había expresado la misma idea en VTB (1970), col. 1297-1300.

[140] Cfr. TUYA M.- SALGUERO José, *Introducción a la Biblia*, t.I, pp.161-164.

[141] Cfr. *CATECISMO de la IGLESIA CATÓLICA*, n1101.

gelistas. En los tiempos de Jesús y en los que inmediatamente le siguieron habían personas encargadas de la transmisión y explicación de los hechos y dichos de Jesús. La existencia de estos ministerios nos consta en varios escritos del NT. De modo indiscutible aparece en Act 8,5-13[142]; también en Act 21,8-11; 1Co 12,28; Ef 4,11-12[143].

El libro de los Hechos de los Apóstoles nos da datos acerca de Pedro, Pablo, Bernabé, Felipe, Santiago. Todos ellos aparecen cumpliendo diversas funciones en la actividad eclesial: dirigiendo la oración, presidiendo la Eucaristía, bautizando, imponiendo las manos, etc[144]. Pero además son ellos los investidos con distintos carismas según convenga a cada uno, de "apóstoles, profetas, evangelistas, pastores y doctores"[145]. Esta transmisión de los hechos y dichos de Jesús la realizaron los evangelistas, primero oralmente[146], y después la consignaron por escrito. Por ello más

---

[142] *"Felipe* bajó a una ciudad de Samaría y *les predicaba* a Cristo. *La gente escuchaba* con atención y con un mismo espíritu *lo que decía Felipe*, porque le oían y veían las señales que realizaba; pues de muchos posesos salían los espíritus inmundos dando grandes voces, y muchos paralíticos y cojos quedaron curados. Y hubo una gran alegría en aquella ciudad... Cuando creyeron a *Felipe que anunciaba la Buena Nueva del Reino de Dios y el nombre de Jesucristo*, empezaron a bautizarse hombres y mujeres. Hasta el mismo Simón creyó y, una vez bautizado, no se apartaba de Felipe; y estaba atónito al ver las señales y grandes milagros que se realizaban". Cfr. Act 8,5-13.

[143] Se pueden nombrar también aquí Act 13,1-2; Ef 2,20; y 2Tim 1,11.

[144] "Las comunidades cristianas primitivas no eran comunidades informes, donde el don espiritual fuera engendrado de manera vaga o anónima. Todas las fuentes de que disponemos muestran que ciertos hombres gozaban en las comunidades de una situación de autoridad para dirigir y enseñar, y que en los primeros decenios del cristianismo esos hombres estaban en relación mutua... Los textos revelan por otro lado, la existencia de cadenas de tradición: Pedro fue discípulo de Jesús, Pablo conoció a Pedro (Gal 1,18; 2,1-14), Timoteo era discípulo de Pablo y su intermediario en la transmisión (1Co 4,16ss.)". Cfr. B.GERHADSSON, *Préhistorire des Évangiles*, pp.103-104.

[145] Cfr. 1Co 12,18; Ef 4,12.

[146] Cfr. P.C.B., *Instrucción Sancta Mater Eclesiae, Sobre la Verdad histórica de los Evangelios*, n13. Sería muy interesante agregar aquí las investigaciones que a propósito de las reglas mnemotécnicas utilizadas por los primeros predicadores del evangelio, profundizó entre otros GERHADSSON B., *Memory and Manuscrip. Oral Tradition and Written Transmission in Rabbinic Judaism and Early Christianity*, Uppsala Pres, Copenhagen 1961, pp.329-334; del mismo autor también *Préhistorire des Évangiles*, pp.88-120. Críticas serias a estas consideraciones y también aportes a propósito de la tradición de Jesús, encontramos en MÜLLER P.G., *Der Tradition im Neuen Testament*, Herder 1982 (con prólogo del cardenal J.Ratzinger); también KELBER W., *Tradition oral et Écriture*, 1991. Todos ellos están referidos sumariamente en la obra de GRELOT Pierre, *La Tradition Apostolique*, p.73-74.

que justificar la innegable diferencia entre los evangelistas con la actividad original y creadora de una siempre imprecisada y voluble comunidad primitiva, es en estas personas portadoras de carismas específicos en orden a la trasmisión, en donde habrá que buscar y encontrar las explicaciones más profundas, más reales[147].

Esto es también lo que entendió la Iglesia a través de la Instrucción *Sancta Mater Eclesiae,* al marcar los tres momentos de la transmisión -primeramente oral[148]- de los dichos y hechos de Jesús. Entre los evangelios canónicos (tercer tiempo) y los hechos y dichos de Jesús (primer tiempo), debemos precisamente ubicar la actividad de estas personas investidas del carisma de evangelista entre los demás oficios apenas mencionados (tiempo intermedio)[149].

31. EL TRABAJO REDACCIONAL Y LA FECHA DE COMPOSICIÓN DE LOS EVANGELIOS

Es sabido que modernamente se da mucho relieve a la llamada 'tradición evangélica', con lo que se privilegia justamente el sentido a la literalidad[150]. En esta dirección, uno de los argumentos realmen-

---

[147] Desde el punto de vista de la 'tradición oral' como medio de memorización, son especialmente importantes los estudios de JOUSSE Marcel, *Études de Psychologie linguistique. Le Style oral rythmique et mnémotechnique chez les Verbo-moteurs*, Ed. Beauchesne, Paris 1925; y otras obras suscesivas del mismo autor. No obstante un punto débil, esto es una consideración quizá demasiado material de la fidelidad transmisiva, los estudios de Jousse son ciertamente muy valiosos, y a nuestro juicio todavía no estudiados suficientemente.

[148] En el punto n.3 de dicha instrucción, titulado *'La transcripción de los evangelios'*, leemos: "Esta instrucción primitiva, hecha primero oralmente y luego puesta por escrito -de hecho, muchos se dedicaron a "ordenar la narración de los hechos" que se referían a Jesús -, los autores sagrados la consignaron en los cuatro evangelios para bien de la Iglesia, con un método correspondiente al fin que cada uno se proponía".

[149] Cfr. P.C.B., *Instrucción Sancta Mater Eclesiae, Sobre la Verdad histórica de los Evangelios*, n.3.

[150] Por ejemplo el mismo GERHARDSSON B. dice: "Debemos atribuir más importancia a los cambios que se produjeron en la explicación continua de las tradiciones, en los múltiples esfuerzos realizados para comprender cada vez mejor las palabras y los hechos de Jesús y para hacer aparecer mejor su significación en relación con las necesidades y los problemas actuales de la comunidad. Los evangelios dan a este respecto indicaciones significativas, donde encontramos el trabajo sobre la palabra del cristianismo naciente". Cfr. *Préhistoire del Évangiles*, p.107.

te importantes es el establecer en qué tiempo fueron compuestos los evangelios. Si como se hace modernamente, se quiere dar relevancia al trabajo redaccional o de compilación y por ende de lejanía de lo que Jesús dijo e hizo, es de suma importancia el datar la composición de los evangelios lo más lejos posible del inicio de la era cristiana. Este alejamiento permitirá obviamente el considerarnos a mucha distancia de los hechos relatados y base de nuestra Fe, y consentirá consecuentemente -aunque sólo a primera vista- gran libertad a la hora de interpretar los textos. Digo 'a primera vista', porque en realidad la libertad que se obtiene es en orden a sobredimensionar el elemento humano de la Escritura, pero recortando y hasta aniquilando el elemento divino o sobrenatural, con lo cual nos alejamos de la verdad que da libertad (Jn 8,32), pues sometemos la realidad bíblica a un injusto reduccionismo. De hecho el ubicar su fecha de composición después de los años 70 d.C. es un dogma básico y casi fundacional de la exégesis moderna muy propensa a humanizar, y a aguar el mismo dogma católico de la divina inspiración[151]. Por ello, quien osara oponerse a tal consideración es de hecho relegado del ámbito de los científicos, de los que saben, de los pocos que tienen derecho a opinar en esta materia.

Precisamente en el presente libro se abordan distintos argumentos y testimonios que ayudarán al lector a determinar correctamente la fecha de composición de nuestros Evangelios[152] y por ende no caer ingenuamente en este intencionado error de algunos comentaristas modernos de los Evangelios. En la presente nota sólo queríamos la razón y la causa de estos comportamientos.

32. EL TROZO DE EVANGELIO EN QUMRÁM

En el contexto de nuestro análisis, se hacen especialmente valiosos los descubrimientos llenos de significado del padre José

---

[151] En efecto, se debe hablar del "dogma católico" de la inspiración de la Escritura. Cfr. *CONCILIO de TRENTO*, E.B. n 151; *LEON XIII*, E.B. n 1120; *San PIO X*, E.B. n 1213; *BENEDICTO XV*, E.B. n 1503; *PIO XII*, E.B. n 1699.

[152] Cfr. por ejemplo p. 130.

O'Callaghan S.J, allá por el año 1972 en las grutas de Qumrán[153]. Por el sintomático hermetismo que cubrió el descubrimiento, se dejan entrever también las grandes consecuencias que de tomarse nota de él se seguirían.

En efecto, el descubrimiento aludido, tomó recién real estado público a partir de un artículo salido en un semanario italiano que precedió la noticia con el título: "Marcos vio y enseguida escribió". El aludido artículo estaba firmado por el periodista Antonio Socci[154], que presentaba así al gran público los descubrimientos del padre José O'Callaghan y habría una cadena casi ininterrumpida de publicaciones sobre el particular[155].

El silencio oficial hecho sobre el descubrimiento de O'Callaghan, profesor del Pontificio Instituto Bíblico de Roma, impresiona aún más si se considera que en aquella fecha el estudioso español había identificado el contenido de un fragmento del papiro hallado en una de las cuevas de Qumrán con dos versículos del Evangelio de san Marcos[156], y lo que es más asombroso aún, reportaba su mismo texto. ¡El mismo texto griego que nuestro actual Evangelio según San Marcos! ¿Cómo es posible que antes del año 67 d.C.-quizá varios años antes-, ya estuviese escrito nuestro actual Evangelio según san Marcos? Y si ello era así, ¿cómo se pueden sostener muchas de las conclusiones de la Form y de la Redaktionsgeschichte?[157].

---

[153] Cfr. O'CALLAGHAN José S.J, "*¿Papiros neotestamentarios en la cueva 7 de Qumrán?*", en *Biblica, 53* (1972),91-100.

[154] Así Antonio SOCCI, en el Semanario *Il Sabato* del 25/5/1991, pp. 86-90.

[155] Aunque sean claramente de divulgación son de destacar los más de setenta aportes e intervenciones que han alrededor de cuatro años (1991-1994) nos han dejado tanto el semanario italiano Il *Sabato* (hasta octubre de 1993), como de la revista *30Días*.

[156] El papiro que no tiene más que unos 6 centímetros cuadrados se conoce con el nombre de 7Q5 y contiene 20 letras de los versículos de Mc 6, 52-53.

[157] Cfr. infra, el punto 'Consecuencias exgéticas del descubrimiento', Capítulo 37
La Formgeschichte indica técnicamente el estudio de las diversas formas que entraron en la composición de nuestros Evangelios; mientras que la Redaktionsgeschichte indica el estudio del proceso de su redacción.

33. PAPIROS NEOTESTAMENTARIOS DE QUMRÁM

En realidad son muchos los papiros que nos conservan trozos del Nuevo Testamento[158]. Pero son los papiros más antiguos y realmente cercanísimos a Jesús los que nos interesan ahora. Entre ellos, merece particular mención el llamado *Papiro Magdalen* o p[64] que contiene parte de Mt 26,7-8, 10, 14-15, 22-23, 31, 32-33, y que es datado en el Siglo I, apenas después de la destrucción de Jerusalén[159].

Pero los hallazgos neotestamentarios de Qumrám se imponen por la datación de sus manuscritos antes de la destrucción de Jerusalén. Ya una característica peculiar de la cueva séptima de Qumrám lo constituye la presencia en ella de manuscritos escritos en griego. En ella el papirólogo O'Callaghan descubrió al menos 17 de ellos, descubrimientos que hizo públicos por primera vez en 1972; el más importante de todos era obviamente el trozo de papiro llamado 7Q5[160], aunque no conservara más que 20 letras distribuidas en cinco renglones.

Antes de la identificación del pasaje del papiro 7Q5 con un texto neotestamentario, un conocido especialista en la datación científica de manuscritos antiguos, había declarado su fecha de composición antes del año 50 d.C[161].

En un primer momento y en el contexto de 'tantos descubrimientos parecidos' se pensó que el pasaje correspondería a un texto del Antiguo Testamento, con lo cual no aportaría ninguna consecuencia especial. Pero grande fue la sorpresa del padre O'Callaghan, y con él de todo el mundo de los especialistas, cuan-

---

[158] Para cotejar una lista detallada y actualizada cfr. O'CALLAGHAN José, *Los Primeros Testimonios del Nuevo Testamento, Papirología Neotestamentaria*, Ed. El Almendro, Córdoba (España) 1995, pp.27-76.

[159] Cfr. THIEDE Carstend Peter, *"Il Papiro Magdalen, La Comunita di Qumram e le Origini del Vangelo.*

[160] Cfr. *"¿Papiros neotestamentarios en la cueva 7 de Qumrán?"*, en *Biblica, 53* (1972),91-100.

[161] A saber ROBERTS Cecil H., citado por O'CALLAGHAN, *El Papiro de Marcos en Qumrám*, Revista Gladius 25 (1992), p.9.

do con la ayuda de una todavía precaria computadora y no sin gran asombro, llegó a los versículos de Mc 6,52-53, que coincidían con las letras que se hallaban en el papiro 7Q5.

La presentación que hizo O'Callaghan del descubrimiento desde 1972 hasta hace unos años fue siempre muy cauta y circunspecta[162]. Por otra parte, los especialistas -que miraban no sin recelo el mencionado papiro- hicieron durante casi veinte años un silencio tan largo que se siente, hasta que en 1991, el hallazgo y sus posibles consecuencias trascendieron al gran público[163].

Entre los especialistas, recién en la década del ochenta, fue el biblista luterano Carsten Peter Thiede casi solo -aunque no exclusivamente[164]- quien rompió este tácito pacto de silencio en torno al descubrimiento de O'Callaghan, mostrándose ciertamente favorable a la identificación del 7Q5 con Mc 6,52-53, y considerando esta afirmación como la única conclusión plausible[165]. Las conclusiones de Thiede se vieron todavía fortalecidas por la presencia en la misma cueva de otros fragmentos neotestamentarios como el 7Q4, que contiene unos versículos de los capítulos tres y cuatro de la primera carta del apóstol san Pablo a Timoteo[166]. Esta identificación fue también confirmada por el conocido experto

---

[162] El mismo comportamiento del autor se mantuvo por muchos años. Véase la presentación detallada aunque cauta que hace de su descubrimiento para una seria revista argentina. Cfr. O'CALLAGHAN José, art. cit. en la nota anterior, pp.7-14.

[163] Cfr. sopra, nota n.74.

[164] Confirma también lo fundado de las conclusiones de O'CALLAGHAN el joven estudioso alemán, ROHRHIRSCH F., de la Universidad de Eichstatt (*Markus in Qumran? Eine Auseinandersetzung mit den Argumenten für und gegen das Fragment 7Q5 mit Hilfe des methodischen Falibilismusprinzip*, Wuppertal,1990).

[165] Cfr. THIEDE Carstend Peter, *"7Q Eine Ruckker zu den neutestamentlichen Papyrusfunden in der siebten Höhle von Qumran"*, en *Biblica* 65 (1984),538-559; Id., *Die älteste Evangelien-Handschrift? Das Markus Fragment von Qumran und die Anfange der shriftlichen Uberlieferungdes Neuen Testaments*, Ed. Brockhaus, Wuppertal 1986; Idem Segunda Edición, 1990. También existen del libro traducciones al español, al inglés y al italiano. La versión española fue hecha por ISABEL FORANARI CARBONELL, *¿El manuscrito más antiguo de los Evangelios?*, Institución San Jerónimo, Valencia 1989.

[166] A saber 1Tim 3,16 y 4,1-3. Cfr. THIEDE Carsten Peter, *¿1Tm 3,16 4,1.3 en 7Q4?*, en *Biblica* 53 (1972), pp.362-367; también *Sobre la Identificación de 7Q4*, en *Studia Papyrologica* 13 (1974), pp.45-55.

de Qumrám, el dominico de la Ecole Biblique de Jerusalén, Emile Puech[167].

Ya en clima de divulgación, las identificaciones antes referidas fueron ampliamente tratadas en el encuentro sostenido en septiembre de 1991 en la ciudad italiana de Rimini, y en donde el padre O'Callaghan, pudo presentar sus conclusiones en una serie de concurridas conferencias y ante miles de personas[168]. El encuentro, al que participaron distintas personalidades del ambiente intelectual bíblico, se desarrolló en un clima claramente favorable a la identificación neotestamentaria[169].

El Encuentro de Rimini tuvo un fruto notable, ya que promovió y permitió -casi inmediatamente después- la realización en octubre de ese mismo 1991, del Simposio internacional que sobre el tema organizó la prestigiosa Universidad Católica de Eichstatt (Alemania) en donde se dieron cita profesores y personalidades del mundo bíblico, que manifestaron por distintos caminos su acuerdo respecto a la identificación presentada por José O'Callaghan[170].

---

[167] Cfr. Revista 30Días 51 (1991), pp.48-54. Hay otras identificaciones neotestamentarias en la gruta 7Q, que O'Callaghan considera sin la suficiente fuerza argumentativa. Estas son 7Q6,1 con Mc 4,28; 7Q8 con Sant 1,13-24, etc. Cfr. O'CALLAGHAN J., *¿Papiros en la cueva 7 de Qumrán?*, Bíblica 53, 1972, 91-100. También FITZMYER Joseph A., *Responses to 101 Questions on the Dead Sea Scrolls*, Ed. Paulist Press, New York/Mahwah 1992, p.16.

[168] Cfr. *Il Sabato*, 14/9/1991: J. O'CALLAGHAN, *"En pie de guerra por Marco"*, pp. 56-58.

[169] No obstante todo y siempre hablando en general, el mundo bíblico estaba enchido de reacciones de distinta índole, dividiendo así con bastante claridad las aguas entre quienes consideraban científicamente probada y por ende posible la identificación neotestamentaria del 7Q5 y quienes rechazaban vehementemente esta afirmación. En el campo de los expertos, significaron oposiciones notables las del Padre Baillet, encargado de la edición de los documentos de la cueva 7 de Qumrám, de Pierre Benoit, de Kurt Aland de Münster, de Gianfranco Ravasi. Pero se hizo también sentir la voz de quienes de una u otra manera se declararon fundamentalmente de acuerdo con la identificación neotestamentaria del 7Q5. Así Vanhoye, Ghiberti, Ignace De La Potterie, Barsotti, Galbiati. Para todo esto cfr. el Semanario *Il Sabato* del 01/06/1991, p.11ss.; idem del 15/06/1991, p.79ss; también Revista *30Días* n 45.

[170] Participaron entre otros los profesores Hunger de Viena (Austria), Riesenfeld de Uppsala (Suecia), O.Betz de Tübingen (Alemania), B.Schwank de München (Alemania), y el mismo Carsten Peter Thiede de Wupertal (Alemania). Quien quiera profundizar sobre las distintas ponencias de los autores nombrados y otros vea MAYER B. (al cuidado de), *"Christentum und Christliches in Qumran?"*, Las Actas del Convenio, *en Eichstatter Studien* 32, Regensburg 1992.

34. LA DATACIÓN DEL PAPIRO 7Q5

Este es un problema bastante extenso y también algo complicado, pues en este terreno se cuenta con razones tajantes y otras sólo aproximativas. Si bien no necesitamos referir aquí un análisis exhaustivo, bástenos señalar los principales elementos que llevaron a los especialistas a datar el 7Q5 en la primera mitad del Siglo primero.

Si consideramos el material mismo, es decir el trozo de papel o piel en cuestión, en teoría se le podría aplicar la prueba del carbono 14, pero como todos sabemos esta nos da una fecha sólo aproximativa. Además podrían darse casos en los que el papiro sea mucho más antiguo que la escritura que en él se contiene[171].

Otra posibilidad de datación es a través de la comparación con otros textos antiguos. Hay muchos manuscritos extrabíblicos que están datados con exactitud, muchas veces por la alusión a acontecimientos concretos y conocidos, como el año de gobierno de un César, de un rey, etc. También entre los manuscritos encontrados en Egipto (Oxirrinco, Fayum, etc.) hay muchos que están datados con precisión. De hecho, el papiro griego más antiguo, es el encontrado en Elefantina, y remonta su origen al 311 a.C[172]. Se puede por ejemplo establecer si quien escribe es un escriba profesional, o un profano instruido, o un modesto particular. Los primeros cristianos ciertamente no contrataban a escribas profesionales, sobre todo al principio. Pero todos estos principios considerados hasta ahora no parecen aplicables al papiro que nos interesa.

Si consideramos los hallazgos de Qumran, hay que aclarar como punto de partida, que dichas cuevas fueron selladas en el año 68 d.C., como la fecha más tardía[173]. Y ciñéndonos ya a la

---

[171] Otro análisis posible es el llamado análisis de las filigranas, pero no es aplicable a papiro o pergamino sino sólo al papel. Cfr. THIEDE, C.P., *¿El manuscrito más antiguo de los Evangelios?*, Ed. Institución San Jerónimo, Valencia 1989, pp.40-41.

[172] Para todo esto cfr. C.P. THIEDE, op. cit. p.41ss.

[173] Cfr. DE VAUX Robert, *Arqueology and the Dead Sea Scrolls*, Ed. British Academy, London 1973.

cueva 7Q, debemos observar que en ella todos los trozos hallados conservan escritura en griego, lo cual contrasta con la casi totalidad de los manuscritos y con las otras cuevas de Qumrán; esto es realmente algo remarcable y excepcional en el conjunto de los hallazgos.

Otra particularidad muy importante es que estos manuscritos de la cueva 7Q están escritos solamente por un lado, y no por las dos caras (recto y verso). Esta última constatación es de suma utilidad, pues acredita que se trata de fragmentos de rollo y no de códice, es decir lo equivalente a nuestros libros. Este dato aboga fuertemente en favor de la antigüedad de los manuscritos allí encontrados. En efecto el paso del rollo al códice (con el fin de ahorrar papel) se hizo recién hacia el año 80 d.C. Por consiguiente, si era verdad que hasta el presente todos los papiros neotestamentarios que poseemos eran fragmentos de códice (y esto era así, porque todos los papiros en códice son posteriores al año 80), tratándose de la cueva 7Q, sellada antes del 70 d.C., no podían ser trozos de códice, pues eran anteriores a la fecha en que se dio el paso del rollo al códice.

Y así, diez años antes de la identificación del 7Q5 por el padre José O'Callaghan, y considerando los elementos arriba elencados y otros, el papirólogo inglés C.H. Roberts, había escrito un informe, afirmando que el fragmento 7Q5 había sido escrito no más tarde del año 50 d.C[174]. Este dato es muy importante, ya que descarta de entrada todas las intenciones torcidas, prejuiciosas o parciales que podría haber tenido en su afán científico el jesuita del Pontificio Instituto Bíblico.

---

[174] Su informe salió publicado en la obra de BAILLET M.J.-MILIK T.-DE VAUX Robert, *Discoveries in The Judean Desert of Jordan, III: Les Petites Grotes de Qumran*, Osford 1962, Volumen 1, p.144. El volumen 1 contenía el texto y el 2 las ilustraciones.

35. IDENTIFICACIÓN DEL PAPIRO 7Q5

El profesor José O'Callahan era ya conocido por sus muchas identificaciones[175] de manuscritos antiguos. Dentro de estos estudios suyos -que llevan más de doscientos logros- ocupan un lugar ciertamente central -por las consecuencias[176]- sus trabajo en la cueva 7 de Qumrám[177].

Al ponerse en contacto con la cueva 7Q, el padre O'Callaghan notó que entre los varios manuscritos griegos allí presentes muchos estaban sin identificación. Así es como se acercó al 7Q5[178]. En el primer inventario que se hizo del 'no identificado' 7Q5, se pensó en que se trataba de un trozo del Antiguo Testamento, en concreto de alguna de las muchas genealogías allí recurrentes, pues en las dispersas 20 letras que aún conservaba el minúsculo papiro, se podía leer en el mismo renglón una parte de palabra, con las cuatro letras nnhs(nnes), que probablemente correspondería al verbo "engendrar" en aoristo, evge,nnhsen (egennesen), "engendró", presente abundantemente en las genealogías. Y así, como 'por principio' los textos encontrados en Qumrám 'no podían' formar parte de escrito neotestamentario alguno, el jesuita y biblista español buscó, según refiere, con "paciencia de cartujo" aunque sin éxito alguno, en todas las genealogías del AT[179].

---

[175] Cfr. O'CALLAGHAN J., *¿Papiros en la cueva 7 de Qumrán?*, Bíblica 53, 1972, 91-100. Son también identificaciones del autor: Eusebio: Historia eclesiástica VI, 43,7-8.11-12 en Berl inv. 17076, Studia Papyrológica 14, 1975, pp. 103-108; Jenofonte: Banquete 3,9 en PMon Gr, Inv. 160, Studia Papyrológica 19, 1979, pp. 133-136; Théocrite I 31-35, pp. 73-78, Chronique d'Egypte 50,1975, pp.192-194.

[176] "Esta identificación rica en consecuencias", dice acertadamente THIEDE Carsten Peter, *The Earliest Gospel Manuscript? The Qumram Fragmente and Its Significance for New Testament Studies*, Paternoster, London 1992, p.53.

[177] Cfr. en particular la referencia citada arriba, O'CALLAGHAN J., *¿Papiros en la cueva 7 de Qumrán?*, Bíblica 53 (1972), pp.91-100.

[178] 7Q5 es la identificación -por lo demás ya universalmente conocida- del papiro; 7Q indica la cueva 7 de Qumrán y 5 es el número que le correspondió en el inventario de dicha cueva.

[179] Para que el paciente lector pueda seguir con facilidad los problemas planteados damos el texto total de Mc 6,52-53, con el orden que este tiene en el 7Q5. El subrayado marca las veinte letras griegas distribuidas en cinco renglones leíbles en el papiro.

Desechadas las genealogías del AT, la búsqueda se centró en otra palabra que contiene las letras nnhs(nnes) y que es Gennhsare,t, "Gennesaret". Pero este topónimo tiene una sola recurrencia en todo el AT[180], y además el pasaje no coincide con 7Q5.

Algo cansado y quizá desilusionado, el estudioso no tanto por convicción científica cuanto por cierto desánimo, comenzó a buscar la identificación en algún texto del Nuevo Testamento. El trabajo también aquí se centró primero en las genealogías, sin obtener resultado positivo. Ante este primer intento fallido, la búsqueda se centró en torno al sustantivo Gennhsare,t, "Gennesart", que es un tanto más recurrente en el NT. Este último análisis llevó a J.O'Callaghan al texto de Mc 6,52-53 en donde leemos: "pues no habían entendido lo de los panes, sino que su mente estaba embotada. Terminada la travesía, llegaron a tierra en Genesaret y atracaron". En estos versículos no sólo se encontraban las cuatro letras "nnes" (nnes), sino también exactamente distribuidas las otras dieciséis del 7Q5.

Ante tal descubrimiento, que acercaba nuevamente y por una via científica nuestros Evangelios canónicos a las mismas palabras de Jesús, pues dicho manuscrito había sido ya datado por el experto Roberts C.H. en el año 50 d.C., el biblista creyó estar soñando[181]. Después de varios días de intranquilidad pre-

---

"sunh/kane_vpi.toi/ja;rtoij
avllVh=nau_vtw/nh`kardi,apepwrw
me,nh_Å Kai_tiapera,santej
h=lqoneivjGennhsare.tkai.
proswrmi,sqhsankai.evxel".

[180] Cfr. 1Mac 11,67 en donde leemos: "Por su parte, Jonatán y su ejército acamparon junto a las aguas de Gennesar (Gennhsar), y muy de madrugada partieron para la llanura de Asor".

[181] El jesuita confiesa: "No quise dar crédito al hallazgo y lo dejé correr. No creía posible estar frente a un papiro marcano del año 50 (datación dada al fragmento por el paleógrafo de Oxford C.H.Roberts). Había trabajado en la biblioteca del Bíblico y volví a mi cuarto, donde se presentó un colega a quien propuse la posibilidad de haber encontrado un papiro del evangelio de Marcos perteneciente al año 50. Su contestación fue decidida: ¡Es imposible!
Lo dejé correr todo. No quise pensar más en ello, pero no lo podía evitar porque ¿si por casualidad aquello era verdad? No podía acallar mi intranquilidad. Al cabo de

sentó su descubrimiento al entonces Rector del Instituto Bíblico de Roma y después arzobispo de Milán, cardenal Carlo María Martini, quien le puso algunas objeciones, como la dificultad de encontrar en la cueva 7Q 'un solo' manuscrito del NT. Ante esta dificultad, O'Callaghan se abocó a otras identificaciones en dicha cueva, y llegó con éxito a identificar el papiro inventariado como 7Q4 con 1Tim 3,16 y 4,1.3.

Digamos para terminar esta ficha, que por encargo de José O'Callaghan, el profesor Albert Dou hizo un cálculo de probabilidades que tendría una identificación distinta del 7Q5 que no sea el texto del Evangelio de Marcos. Después de un largo análisis llegó a la conclusión de que esta tiene sólo "uno dividio por 900 mil millones" de probabilidades, esto es casi ninguna. Pero si por caso "gracias a la intuición e ingenio de una o más personas, otra identificación de 7Q5, llamémosla X, resultara también aceptada como correcta; entonces es prácticamente seguro que los dos textos, Mc 6,52-53 y X, no son literariamente independientes entre si"[182].

36. OBJECIONES A ESTA IDENTIFICACIÓN DEL 7Q5[183]

Una primera y siempre hipotética dificultad, a nuestro parecer totalmente infundada e incluso en algún caso hasta grotesca, que se suele presentar a la identificación apenas dada, es la presunta identidad del texto griego reportado en 7Q5 con algunos otros del AT e incluso con otro del NT. Los textos propuestos como posibles son: Ex 36,10-11; 2Sam 2,12-51; 2Sam 5,13-14 y Mat 1,2-3. Pero a cada uno de estos ya ha respondido suficientemente

---

ocho días volví a probar con más serenidad. Y vi efectivamente que aquel pequeño pedazo papiráceo contenía un texto de Marcos". Cfr. *Revista Gladius 25*, Buenos Aires 1992, p.9.

[182] Cfr. O'CALLAGHAN José, *Los Primeros Testimonios del Nuevo Testamento, Papirología Neotestamentaria*, Ed. El Almendro, Córdoba (España) 1995, pp.116-139.

[183] Las principales y algo más serias objeciones a la identificación del papiro fueron elencadas hasta el momento por ROSENBAUM H.U., *Cave 7Q5! Gegen die erneute Inanspruchnahme des Qumram-Handschrift*, en BZ 31 (1987), pp.189-205. Por lo demás, estas han sido suficientemente rebatidas por THIEDE Carsten Peter, *¿El manuscrito más antiguo de los Evangelios?*, pp.25-79.

el mismo O'Callaghan, demostrando la imposibilidad real de tales afirmaciones[184].

Otra dificultad la constituye una diferencia entre la lectura del 7Q5 que hicieron los editores de los hallazgos de la cueva 7Q, y la lectura que presenta O'Callaghan[185]. Se trata de la presencia o menos de la consonante "n", parte del importante tetragrama de identificación nnes(nnes), a cuya lectura se oponía por ejemplo el padre Boismard Emile. Pero para ahuyentar dificultades el papiro fue hecho inspeccionar 'públicamente' por la División de Identificación y Ciencia Forense de la Policía de Israel, cuyo análisis fue transmitido el 12 de abril de 1992 por la televisión de München, y que abogó y constató la presencia de la "n".

Otra dificultad textual es la clara separación que se observa en la tercera línea del texto del papiro. Aquí conviene precisar -lo que se ve con la sola lectura de los versículos de Mc 6,52-53 en español-, que se concluye una sección y se inicia otra. Aquí, en favor de la autenticidad marcada aboga la presencia del kai. que aunque poco usado como inicio de párrafos literarios, es un recurso literario muy común en el Evangelio de san Marcos[186], que entonces no hace más que seguir su propia costumbre.

Se suele también presentar la dificultad del cambio de d por t. Pero como explicó el padre O'Callaghan, es ésta una particularidad fonética de la lengua griega que cambia la dental d por la también dental t, cambio que por lo demás es muy frecuente. A esta afirmación se opuso por ejemplo Roberts C.H. La objeción nos es reportada y comentada por el mismo O'Callaghan. "El Pro-

---

[184] Cfr. O'CALLAGHAN José, *L'Ipotetico Papiro di Marco a Qumram*, en La Civiltà Cattolica 143 (1992), pp.471-473.

[185] En realidad entre ambas ediciones no hay una real oposición. Para una visión más detallada cfr. THIEDE C.P., *Die älteste Evangelien-Handschrift? Das Markus-Fragment von Qumran und die Anfänge der schriftlichen Üverlieferung des Neuen Testaments*, Brockhaus, Wuppertal 1986. El mismo autor ha compuesto -sobre la base de la anterior- una obra más completa: *The Earliest Gospel Manuscript? The Qumram Fragmente and Its Significance for New Testament Studies*, Paternoster, London 1992.

[186] Es este un hecho verdaderamente notable del evangelios de Marcos. Hemos tomado al azar el capítulo cuarto, que nos prueba la presencia del kai. en los inicios de todos los párrafos. Cfr. Mc 4,1.10.21.26.30.33.35.

fesor O'Callaghan explica la conversión de una tau en delta -decía yo exactamente lo contrario- por un cambio consonántico; pero esto, aunque se halle ocasionalmente en un documento semiliterario, es inaceptable en un texto de este período"[187]. Y responde: "Fue muy fácil contestar al Profesor Colin Henderson Roberts. En poco tiempo preparé una nota, en la que aducía veinte casos del cambio d por t en papiros bíblicos, que son una escasa minoría en los abundantes papiros literarios"[188]. Conviene aclarar que el profesor O'Callaghan pudo incluso confirmar su aseveración con una inscripción litográfica, es decir, sobre piedra[189].

A las dificultades aducidas se puede agregar una de crítica textual, y que está constituida por la falta en el papiro 7Q5 del complemento de lugar evpi. th.n gh/n ("a tierra"), presente en algunos manuscritos de Mc. Conviene sin embargo aclarar que este complemento que acompaña siguiéndolo al participio diapera,santej ("desembarcantes"), verbo que en sus pocas recurrencias en el NT y por su obvio significado -habitualmente se desembarca 'sobre la tierra'- no lleva generalmente dicho complemento[190]. También el famoso papiro 45 (P.Chester Beatty), que constituía hasta el momento el mas antiguo testimonio del Evangelio de san Marcos, omite en Mc 5,21 el complemento de lugar del verbo diaperaw que otros manuscritos traen.

---

[187] Cfr. ROBERTS C.H., *On some Presumed Papyrus fragments of the New Testament from Qumran*, The Jornal of Theological Studies 23, 1972, 446, n14.

[188] O'CALLAGHAN José, *El cambio de d por t en los papiros bíblicos*, Biblica 54, 1973, pp. 415-416.

[189] "Además, hay una confirmación epigráfica -de más valor que el testimonio de un papiro, en cuanto que sobre piedra se escribía con más atención, pues eran inscripciones que debían perdurar, lo que indica que este cambio era familiar a los habitantes de Jerusalén por las épocas de nuestro papiro. En la grandiosa reconstrucción del templo, Herodes había hecho poner una inscripción griega en el segundo recinto, prohibiendo bajo pena de muerte, el paso a todos los extranjeros, es decir a los no judíos. Flavio Josefo habla de ello en la Guerra Judía 5,52 y 6,2,4, y además en *las Antigüedades Judías* 15,11,5. Una piedra con tal tipo de inscripción fue hallada en el siglo pasado. En ella la palabra que significa "separación, paso cerrado", está escrita con t en vez de d, pues se lee *tryphakton* en vez del correcto dryphakton". Cfr. O'CALLAGHAN José, *El cambio de d por t en los papiros bíblicos*, en Bíblica 54 (1973), pp. 415-416.

[190] Cfr. Mt 9,1; 14,34; Mc 5,21; 6,53; Lc 16,21.

Digamos además para terminar que estas dos últimas objeciones presentadas, y contestadas, lejos de comprometer la autenticidad neotestamentaria y el valor del 7Q5, son en realidad preciosos testimonios de su antigüedad. "El 7Q5, con sus particularidades textuales de la mutación fonética d por d por t y de la supresión del "evpi. th.n gh/n" (en la tierra), debe ser clasificado en el prototipo de los manuscritos más antiguos del Nuevo Testamento... Estas particularidades son precisamente las que hablan a su favor"[191]. Y por todo lo dicho antes y "de acuerdo a las normas de trabajo paleográfico y crítico-textual, resulta que 7Q5 es Mc 6,52-53, el fragmento más antiguo que tenemos de un texto neotestamentario"[192].

37. CONSECUENCIAS DEL DESCUBRIMIENTO DEL 7Q5

A quienes argumentan que estos descubrimientos no añaden nada al mensaje cristiano, el profesor Harald Riesenfeld de la Universidad de Uppsala, luterano convertido al catolicismo, responde en una entrevista concedida al semanario Il Sabato: "La Fe, por supuesto, no está fundada ni originada por este descubrimiento científico. Pero con ese razonamiento se opone la razón del hombre a la Fe, como si la Fe pudiese subsistir incluso en lo absurdo más total. Pero Dios ha entrado en la historia dirigiéndose precisamente a la razón del hombre, y esto sigue ocurriendo en la Iglesia"[193].

Dejando de lado el impacto algo sensacionalista de algunas publicaciones periodísticas[194], la consecuencia inmediata del hallazgo de O'Callaghan era que nuestros evangelios -o por lo menos el de Marcos- habían sido escritos o existían como una tradición firme ya mucho antes de aquella siempre lejana fecha a Jesús que le dan en general los actuales biblistas, influenciados

---

[191] Cfr. THIEDE Carsten Peter, *¿El manuscrito más antiguo de los Evangelios?*, p.62.

[192] Idem p.69-70.

[193] Cfr. *Il Sabato*, 2/11/1991, p.56.

[194] Así con el título en primera página de *"Un descubrimiento que cambia todo"*, era presentado el descubrimiento de O'Callaghan en Il Sabato del 01/06/1991. Por su parte la revista 30Días traía el anuncio con el título también de tapa: *"Marcos escribió inmediatamente. Una revolución llamada 7Q5"*. Cfr.*30Días n.45* (1991).

de hecho por los métodos críticos de la Form y Redactionsgeschichte y sus 'a priori'[195]. Este descubrimiento obliga a repensar algunos caminos de solución -ciertamente con defectos, pero con la intención general de acortar distancias entre Jesús y nuestros Evangelios canónicos- que propusieron autores como H.Riesenfeld[196] J.Carmignac[197], C.Tresmontand[198], B.Gerhardsson[199], y de los que nos ocuparemos en parte más adelante.

Las hipótesis apenas mencionadas van ciertamente a contrapelo de las reglas fundamentales de los habituales estudios e interpretaciones que desde hace ya por lo menos un siglo se hacen sobre la Biblia. En efecto, es difícil encontrar en nuestros días un estudioso que se plantee la composición de los evangelios antes del año 70 d.C, pues la tardía datación como la participación de múltiples autores en la redacción, son de hecho -como dijo el Cardenal Joseph Ratzinger- verdaderos 'dogmas académicos' de nuestros actuales estudios bíblicos a los que no es posible contradecir[200]. Y ésta es la razón de tanta dificultad de intentar considerar en serio[201] estos descubrimientos de Qumrám. Ya decía sabia-

---

[195] Refiriéndose a los 'a priori' de estos métodos dice un autor: "Los estudiosos han partido de una concepción de Jesús que ha sido construida a priori y entonces se preguntaron qué parte del Evangelio concordaba con esa concepción. Así ellos mas o menos inconscientemente han usado como medida de su investigación lo que Jesús -siempre según ellos- habría podido o no podido hacer". Cfr. RIESENFELD Harald, *The Gospel Tradition and its Beginnings*, p.9.

[196] Cfr. sobre todo RIESENFELD Harald, *The Gospel Tradition and its Beginnings*. También se puede ver del mismo autor, *Unité et Diversité dans le Nouveau Testament*, Ed. du Cerf, Paris 1979, en donde de alguna manera trata de dar una amplia respuesta en la misma dirección.

[197] Cfr. CARMIGNAC Jean, *Recherches sur le 'Notre Père'*, Ed. de Paris, Paris 1969.

[198] Cfr. TRESMONTANT Claude, *Le Christ Hébreu*, O.E.I.L, Paris 1983.

[199] Cfr. GERHARDSSON Birger, *Préhistoire des Évangiles*, Ed. du Cerf, Paris 1978.

[200] "En los últimos cien años la exégesis ha realizado grandes cosas, pero también ha cometido grandes errores; y estos errores se han convertido casi en dogmas académicos. Atacarlos incluso es sinónimo para muchos estudiosos de sacrilegio, sobre todo si las críticas proceden de alguien que no sea exégeta". Cfr. RATZINGER Joseph, *La interpretación bíblica en conflicto* , en A.A.V.V., *L'Esegesi cristiana Oggi*, Edizione Piemme, Casale Monferrato (AL) 1991, pp.123.

[201] Así por ejemplo el conocido biblista italiano RAVASI Gianfranco, partiendo del apriori de que 'no puede ser' un texto del Evangelio de san Marcos, habla de los textos de la gruta 7Q como de textos "escritos en hebreo", cuando en realidad el 7Q5 es un texto griego. La conclusión de un tal comportamiento es obvia...

mente Pascal: "Si el teorema de Pitágoras indujese para los hombres alguna grave obligación o peso, hace muchísimo que hubiera sido refutado"[202]. El problema no es el descubrimiento, la dificultad está en el tener que aceptar sus consecuencias[203]. Por eso, pudo decir muy bien al respecto el luterano Carsten Peter Thiede, "la exégesis moderna había establecido de una vez para siempre que los Evangelios habían sido escritos por las generaciones posteriores a los primeros testigos. Muchos estudiosos, por ello, los consideraban creaciones tardías que no podían otorgar credibilidad a aquellos documentos desde el punto de vista histórico. Exégetas y teólogos ilustres, tanto católicos como protestantes, invitaban a considerar los hechos importantes de la vida de Jesús, como los milagros, e incluso la resurrección como simples leyendas, mitos -en sentido moderno y no en sentido griego clásico- elaborados por la comunidad cristiana que siguió a los primeros apóstoles. Pero descubrir, en cambio, que quien escribió aquellos relatos fue testigo, o recogió el testimonio directo de quien había "visto y oído', es para ellos desconcertante. Para defender estos presupuestos, se niegan a aceptar incluso la realidad científica"[204].

---

[202] Citado por CASTELLANI Leonardo, *Evangelio de Nuestro Señor Jesucristo*, Ed. Dictio, Buenos Aires 1957, p.40.

[203] Así declaraba hace unos años y en el contexto del descubrimiento del papiro 7Q5 el secretario de la Pontificia Comisión Bíblica, padre VANHOYE Albert, que es realmente sintomático que "cada vez que nos acercamos a las fuentes que históricamente demuestran la verdad de la fe alguien se rasga las vestiduras; mientras que cada vez que las investigaciones dicen lo contrario se reciben con grandísimo favor". Cfr. *Il Sabato*, 1/6/1991, p.11.

[204] Cfr. *Revista 30Días*, n.82/83, 1994, p.40. Así en el editorial publicado en el Semanario *Il Sabato* leemos: "Porqué levantarse en guerra contra la casta de los modernos exégetas... sobre diferencias de fecha, en el fondo de pocos años, en relación al Evangelio de Marcos? Porque el cristianismo es una vida nueva que sorprende al hombre en el presente (sólo el 'hoy' cambia la vida), precisamente porque es una historia comenzada hace dos mil años, en un tiempo y en un espacio preciso. Y quien la encuentra hoy, ama toda esa historia. Los Evangelios son trozos de memoria de personas que han 'visto y tocado' la carne del Hijo de Dios... Sólo quien vive la contemporaneidad del evento cristiano puede amar sus huellas históricas. Ensimismarse, amar revivir aquella misma historia". Cfr. Semanario *Il Sabato*, n.44.

38. OTROS ACERCAMIENTOS A LAS PALABRAS DE JESÚS

Últimamente no faltaron tampoco diversos estudios que, a pesar de diferenciarse en el método y los contenidos, tienen como denominador común el apuntar hacia la anticipación de la fecha de redacción de nuestros Evangelios, insistiendo así en el valor de su historicidad.

Podemos iniciar este rápido elenco con el aporte que hizo a los descubrimientos de Qumrám la profesora **Marta Sordi**, de la Universidad Católica de Milán. En el contexto de las Jornadas patrísticas turinesas de abril de 1994, esta estudiosa de historia griega y romana, basándose en los descubrimientos del papiro 7Q5 por un lado y en las fuentes históricas de la tradición por el otro, vuelve a presentar la clásica tesis de que el Evangelio de san Marcos está basado en su composición en la predicación de san Pedro[205], y que fue escrito en Roma hacia año el 42 d.C[206].

Entre estas obras son de destacar aquellas que sobre el Evangelio de san Juan hiciera **Jacqueline Genot-Bismuth**, docente de judaísmo antiguo y medieval en la Sorbona de París[207]. En su seria y larga investigación, titulada 'Un hombre llamado Salvación (Jesús)', y teniendo en cuenta los nuevos estudios y descubrimientos, la profesora explora en la antigua literatura rabínica para concluir que el texto escrito del Evangelio según san Juan, es en realidad una traducción -según ella de unas notas- hechas en hebreo[208]. El fundamento de tal conclusión es que retrotraduciendo este Evangelio al hebreo -como lo hizo por ejemplo Jean Carmignac[209]- se encuentran "no sólo expresiones bíblicas ciertísimas y

---

[205] Cfr. SCHULZ Hans-Joachim, *Die apostolische Herkunft der Evangelien*, Ed. Herder, Freiburg, 1993.

[206] Cfr. *Revista 30Días*, n180, pp. 36-40.

[207] Cfr. GENOT-BISMUTH Jacqueline, *Un Homme nommé SALUT. Genèse d'une hérésie à Jérusalem*, Ed. O.E.I.L., Paris 1986. Cfr. también Il Sabato, 10/10/1992, "El cronista Juan", pp. 57-59.

[208] Cfr. GENOT-BISMUTH Jacqueline, *Un Homme nommé SALUT. Genèse d'une hérésie à Jérusalem*, p.210ss.

[209] Cfr. *Traductions hebraïques des Evangiles rassemblées par Jean Carmignac*, Ed. Brépol, Turnhout (Belgique) 1982. La retrotraducción utilizada aquí por J.Carmignac es en realidad aquella que ya en el 1831 hiciera GREENFIELD William.

exactamente identificables, sino que también y sobre todo, los enunciados extraídos de los textos sagrados reflejan las problemáticas y los temas controvertidos, característicos de aquellos años que precedieron la aparición (pública) de Jesús"[210]. La autora hace un detallado análisis de la problemática y temas candentes de aquellos concretos años de la Palestina, con lo cual también acerca científica y sensiblemente nuestros evangelios -en particular el de san Juan- a las mismas palabras salidas de la boca del Maestro, que se conservaron en unos originales escritos al calor de un testimonio directo. Y es ésta la gran tesis de su libro[211].

Otro camino distinto que se puede recorrer es el del rabino americano **Jacob Neusner**, quien en su libro A Rabbi talks with Jesus[212], defiende la credibilidad histórica de las narraciones evangélicas[213]. Esta obra fue exacta y justamente definida por el cardenal Ratzinger "con mucho el libro más importante para el diálogo entre hebreos y cristianos que se haya publicado en los últimos años"[214]. Neusner J. es un creyente judío, que por lo mismo aclara que "de haber vivido en Israel en el Siglo primero, no habría formado parte del círculo de los discípulos de Jesús"[215], y que cuando

---

[210]   Cfr. GENOT-BISMUTH Jacqueline, Op. citado, p.209ss.

[211]   "Que este original, o quizá mejor, estos originales hayan sido compuestos escritos a fuego por un testigo directo, un discípulos del Didáskalos Jesús (Maestro), no tiene nada de improbable en función de las realidades culturales, sociológicas, puntos de vista efectivos que caracterizaban aquella situación, y que nosotros nos hemos propuesto en hacer revivir. Cfr. GENOT-BISMUTH Jacqueline, Op. citado, p.209.

[212]   Cfr. NEUSNER Jacob, *A Rabbi talks with Jesus, An Intermillennial Interfaith Exchange*, Ed. Doubleday, New York, 1993.

[213]   Una revista presentó un artículo de este estudioso judío, autor de un centenar de publicaciones, con el sugestivo título: *"El rabino que defiende los evangelios"*. Cfr. Revista 30Días, n.76, pp.57-60.

[214]   De hecho en el prólogo del libro leemos: ")Cuál es el fin que nos proponemos aquí (con este libro)? Si yo llego a tener éxito, los cristianos van a renovar su fe en Jesucristo, pero también respetar el Judaísmo. Yo pienso explicar a los cristianos porqué yo creo en le judaísmo, y eso tendría que ayudar a los cristianos a identificar sus serias convicciones que los lleva todos los domingos a misa. Los judíos van a fortalecer su adhesión a la Torah de Moisés, pero también respetar al Cristianismo... Cfr. NEUSNER Jacob, *A Rabbi talks with Jesus, An Intermillennial Interfaith Exchange*, pp.xii-xiii. Además sobre la profundización del cristianismo y del judaísmo, J.Neusner compuso al menos cinco libros más. Cfr. idem, pp.xv-xvi.

[215]   Cfr. NEUSNER Jacob, *A Rabbi talks with Jesus, An Intermillennial Interfaith Exchange*, p.xi.

Jesús en el Sermón de la Montaña "se distinguió de la Revelación de Dios hecha a Moisés en el Monte Sinaí, se equivocó; mientras Moisés tenía la razón"[216]. Pero el gran mérito que debemos reconocer y que encontramos en su libro es el que sin haber desconocido la labor de los evangelistas en la composición de los Evangelios, el 'Jesús histórico' es "una 'presencia' dentro y detrás de cada uno de los Evangelios"[217]. Y esta presencia histórica de Jesús se hace patente durante todo este libro en donde J.Neusner confronta la Torah dada a Moisés con el Sermón de la Montaña referido por san Mateo, no preocupándose por discutir científicamente la realidad histórica narrada en el Evangelio, sino dándola por descontado, y diríamos ubicándose dentro[218].

Según las pretensiones de este apartado debemos citar también el trabajo de **Hans-Joachim Schulz**, Die apostolische Herkunft der Evangelien (La Procedencia apostólica de los Evangelios)[219], en donde el autor afirma que la redacción de todos los Evangelios, comprendido el de Juan, se debe ubicar como fecha más tardía antes del año 70 d.C[220]. Esta valiosa investigación prologada por Rudolf Schnackenburg, intenta abarcar la constante doctrina que sobre la veracidad histórica de los evangelios es seguible desde la misma era patrística hasta los más recientes documentos, tomados cada uno de ellos en su contexto total, y no sólo citando reductivamente alguna de sus frases[221]. Más que la fecha concreta y próxima

---

[216] Cfr. idem nota anterior, p.xii.

[217] Cfr. idem nota anterior.

[218] Así comentando Mt 4,23-25 y 5,1-2 dice: "Imagínate caminando en una polvorienta calle de Galilea en algún verano, y encontrar un reducido grupo de jóvenes, liderados por un hombre joven. La presencia del hombre capta tu atención: él habla, los otros escuchan, responden, argumentan, obedecen, prestan atención a lo que él dice, lo siguen. Tu no conoces quién es ese hombre, pero sabes que es diferente a las personas que están con él y a cualquiera que se le acerque. Las personas responden, algunas con rabia, otras con admiración, unos pocos con una fe ingenua. Pero nadie se aleja desinteresado de aquel hombre y de las cosas que él dice y hace"... Cfr. NEUSNER Jacob, Idem nota anterior, p.1. Así en todas las páginas del libro nos introduce en la historia de Jesús.

[219] Cfr. SCHULZ Hans-Joachim, Die apostolische Herkunft der Evangelien, Ed. Herder, Freiburg, 1993.

[220] Cfr. Revista 30Días, n177, pp.60-63.

[221] Así el autor se apena por la parcial lectura y consecuentemente también interpretación que se le da a la Instrucción Sancta Mater Eclesiae de la PCB de 1964, sobre la ver-

a Jesús de la composición de cada evangelio, H.J.Schulz -basándose en la Instrucción Sancta Mater Eclesia de 1964- resalta "la autoridad de los apóstoles como testigos de Cristo, y su cargo e influjo en la comunidad primitiva", constituyendo así "la tradición evangélica en tres tiempos o pasos: 1-En el inicio Jesús y sus discípulos elegidos por Él como testigos de su vida y doctrina; 2-Los apóstoles y su predicación acerca de la vida y obra del Señor; 3-Los evangelistas, que parten de la predicación apostólica"[222]. Esta manera de considerar el origen de nuestros Evangelios, nos acerca notablemente a Jesús, pues entre su vida terrena y los evangelistas sólo se pone la mediación de los testigos directos, de "los que han visto y oído"(Lc 1,2), y que los informaron detallada y escrupulosamente.

Todos estos aportes -quizá discutibles en algunos puntos concretos- tienen sin embargo el gran mérito de percibir en el relato que hacen los evangelistas la misma persona de Jesús, sus obras y sus palabras; y no son en su novedad, más que una singular confirmación de lo que la Fe y la tradición de la Iglesia proclamaron desde siempre con respecto a la historicidad de los Evangelios.

39. LOS NUEVOS DESCUBRIMIENTOS Y LA HISTORIA

Es precisamente en el contexto de la cercanía a la historia de Jesús en el que se pueden y deben valorar las consecuencias de todos estos esfuerzos por acercarnos a aquel Jesús, y a aquellas palabras que este 'concreto' Hijo de Dios hecho hombre, el 'Emanuel', pronunció "para que guardemos"[223]. Lo explicaba muy bien el padre Ignace De La Potterie[224] cuando afirmaba: "Seguir repitiendo hoy con Bultmann, que el texto evangélico es kerygma y teología no debe hacernos olvidar que ante todo transmite el

---

dad histórica de los Evangelios. Cfr. SCHULZ Hans-Joachim, *Die apostolische Herkunft der Evangelien*, pp.97-110.

[222] Cfr. SCHULZ Hans-Joachim, *Die apostolische Herkunft der Evangelien*, p.100.

[223] "Id, pues, y haced discípulos a todas las gentes bautizándola en el nombre del Padre y del Hijo y del Espíritu Santo, y enseñándoles a guardar ('threi/n pa,nta') todo lo que yo os he mandado. Y he aquí que yo estoy con vosotros todos los días hasta el fin del mundo"(Mt 28,19-20).

[224] Cfr. *"Qumrán y la historicidad de los Evangelios"*, Revista 30Dias, n1 61, p.76ss.

testimonio de aquellos "que han visto"(Lc 1,2). En este testimonio ocular del grupo apostólico descansa toda la Fe de la Iglesia. El punto crucial del debate actual estriba precisamente en esto: en aceptar o no el valor histórico de los Evangelios"[225].

Y en este sentido los papiros neotestamentarios de la séptima cueva de Qumrám cobran una importancia capital, pues si bien no demuestran la Fe, de alguna manera prueban la cercanía de nuestros Evangelios al mismo Jesús, rompiendo esa contradicción falsa aunque latente de muchos estudios bíblicos contemporáneos, que siguen contraponiendo Fe e historia, quitando bajo la excusa de la verdadera ciencia el apoyo histórico a la verdadera fe. Por consiguiente "es importante hallar argumentos históricos, arqueológicos, literarios, para explicar al hombre de hoy que su Fe se hunde en un hecho ocurrido en la historia real del hombre. Y documentar mediante algunos papiros de Qumrán que los primeros cristianos eran personas reales, que el Evangelio, las cartas de Pablo son documentos reales, escritas cuando estas cosas ocurrían, es un primer paso para comprender la historicidad de las palabras y las acciones de Jesucristo. De modo que, al considerar juntos al Jesús de la Fe y al de la historia nos damos cuenta de que estamos mirando dos aspectos del mismo hombre concreto. Se puede tener una imagen más completa del hombre más importante de la historia, el único que proclamó que era Dios"[226].

Estos descubrimientos significan entonces una vuelta a la unidad entre el hecho y su significado, entre la existencia carnal y concreta de Jesús y la Fe en Él. O dicho con las palabras del cardenal Ratzinger, se evita caer en una exégesis que "conduce a una cristología docetista, en la que la realidad, es decir, la existencia concreta y carnal del Cristo... queda excluida del ámbito del significado. Pero de este modo se pierde la esencia del testimonio bíblico"[227].

---

[225] Idem nota anterior, p.78.

[226] Así THIEDE Carsten Peter, *Un Fragmento derriba el Muro de Papel*, en Revista 30Días n151, p.48s.

[227] Cfr. RATZINGER Joseph, *La interpretación bíblica en conflicto*, en A.A.V.V., *L'Esegesi cristiana Oggi*, pp.93-125.

40. LAS REGLAS DE MEMORIZACIÓN[228]

Como ya hemos dicho, a mediados del Siglo XX surgieron distintos intentos de llegar a las mismas palabras salidas de la boca de Jesús. Uno de ellos lo constituyó el representado por la llamada escuela escandinava, desde entonces opuesta a Bultmann[229], fundamentalmente representada por los profesores de la Universidad de Upsala Harald Riesenfeld y Birger Gerhardsson. El punto de partida general es el hecho que en la antigüedad la memoria tenía en la enseñanza un papel protagónico. Los autores arriba nombrados, estudiaron las reglas mnemotécnicas tanto entre los judíos como entre los griegos, que los maestros utilizaban con sus alumnos. Los principios básicos eran el ritmo, la rima, y la asonancia, que ayudaban a constituir una forma concisa de enseñanza llamada generalmente por los rabinos 'dérekh qesarah'[230].

Los judíos, no hacían más que poner en práctica un mandamiento sapiencial: "¡Que tus palabras no sean numerosas!", como decía a sus oyentes el Qoelet (5,1). Creo que nadie pueda poner en dudas que los evangelios no traen absolutamente todo lo que Jesús dijo[231], y más, que los discursos son en general buenos resúmenes de aquellas palabras suyas. De hecho, los rabbi distinguían muy bien entre 'texto' y 'comentario'. El primero, era precisamente esa enseñanza precisa, concisa, en donde se concentraban máximamente las normas mnemotécnicas antes mencionadas; en cambio en el comentario, esas reglas eran en general más amplias y flexibles.

---

[228] Consúltese también aquí la larga nota que hemos dado más arriba a propósito de la "tradición oral". Cfr. sopra nota 22, p.83.

[229] Es sabido que Bultmann y Dibelius propiciaron el kerigma como el núcleo experiencial sustancial, desde el que habrían arrancado las tradiciones evangélicas. Por ello la llamada escuela escandinava ocupó desde entonces y hasta nuestros días un lugar antogónico con los partidarios de la desmitologización, que les declararon la guerra no tanto con razones, sino más bien por opción de escuela.

[230] Cfr. GERHARDSSON Birger, *Préhistoire des Évangiles*, p.26

[231] El discurso más largo que nos reportan los evangelios es el sermón de la montaña, pero he aquí que con una lectura pausada no se demora más que veinte minutos. En aquella solemne ocasión, en donde Jesús "subió al monte y se sentó, y tomando la palabra les enseñó diciendo"(Mt 5,1-2), tiene que haber hablado más que veinte minutos...

En lo que se refiere a la Sagrada Escritura, estas formas de enseñanza se mantuvieron no obstante por una doble vía, la oral y la escrita; tanto que en el Siglo II de nuestra era, los rabinos distinguían claramente la Torah escrita de la Torah oral. Ambas procedían de Moisés, aunque por caminos distintos. Al tiempo de Jesús casi todos los niños hebreos debían frecuentar la Bet haMiqrá', o escuela en donde además de ser guiados por el 'camino' (%r,D,) de la vida, 'aprendían' tanto a leer como a escribir. Esto hizo que fueran apareciendo por escrito tanto el texto como también los 'megillot setarim' o comentarios de clase que los alumnos más aventajados tomaban de algunos de los maestros más renombrados de la Torah. Paralelamente, en el mundo griego también existían los hypomnemata y los apomnemoneúmata, o apuntes fundamentales que los alumnos hacían de sus maestros. Pero ¿es esto aplicable a los discípulos de Jesús? Muchos realmente muchos los que contestan afirmativamente[232].

Según la tesis -por lo demás muy bien fundamentada- de la escuela escandinava, el NT está constituido fundamentalmente por estas trasmisiones o tradiciones, como lo demuestran el uso insistente -sobre todo en San Pablo- de los verbos relacionados con esa "tradición". Así el apóstol de las gentes utiliza frecuentemente y de distintas maneras el sustantivo para,dosin (tradición)[233], y varios de los verbos relacionados con ella, como paradido,nai (entregar)[234], paralamba,nei (recibir)[235], threi/n (observar)[236], fula,ssein (guardar, observar)[237], kate,cein (conservar)[238], y kratei/n (guardar). Conviene

---

[232] Cfr. TAYLOR R.O.P., *The Groundwork of the Gospels* (1946); también ver GERHARDSSON Birger, *Préhistoire de Évangiles*, p.31. Un gran defensor de los megillot o hyponemata es TRESMONTANT Claude, *Le Christ Hébreu*. Contra éste último reacciona vehemente GRELOT Pierre, *Las Palabras de Jesucristo*. De todos modos, su objeción nos parece un tanto gratuita, pues sostiene que en los tres sinópticos, al reportarse el discurso de la misión se pide a los discípulos que no lleven alforjas (Mt 10,10; Mc 6,8 ;Lc 9,3; 10,4), y entonces dice Grelot: ")cómo podrían llevar notas escritas?" (cfr. p.51).

[233] Cfr. 1Co 11,2; Gal 1,14; Col 2,8; 2Tes 2,15; 3,6, etc.

[234] Cfr. 1Co 12,2.

[235] Cfr. Gal 1,9; Fil 4,9; 1Tes 2,13; 1Co 15,1, etc.

[236] Cfr. 1Tim 6,14.

[237] Cfr. 1Tim 5,21; 6,20.

[238] Cfr. 1Tes 5,21.

notar que en sus respectivos contextos y en el uso de todos estos términos, no se alude tanto a una tradición *'in fieri'* o que se está formando, sino que más bien se hace referencia a una tradición ya existente que alguien 'da' con autoridad y que a su vez el discípulo debe 'recibir', 'guardar' y 'conservar' indefectiblemente[239].

Las palabras de Jesús reportadas en los evangelios -de modo particular por san Lucas-, están referidas de forma muy incisiva, bien trabajadas literariamente, y muchas veces con ritmo e incluso rima[240]. Todos estos elementos son todavía mucho más evidentes en las retrotraducciones de nuestros originales griegos al arameo[241] y sobre todo al hebreo[242]. Es más, "muchas de las palabras de Jesús se conservaron en una forma tal, que no sólo es posible escuchar los ecos del original semítico, sino que se deduce que ellas fueron formuladas cuidadosamente a fin de que sean aptas para la transmisión".[243]

Quienes observaban todas estas reglas eran los moshel, o creadores de meshalim o parábolas. Según B.Gerhardsson Jesús era uno de ellos, aunque no se lo pueda reducir sólo a un moshel, ya que "desde el punto de vista histórico, y apoyándose sobre apreciaciones razonables, se puede estimar que desde la enseñanza de Jesús en meshalim, una línea ininterrumpida conduce a la transmisión metódica de los textos de Jesús dentro de la Iglesia primitiva"[244].

---

[239] Quizá sea este un camino a recorrer y profundizar para entender la 'fidelidad' con la que pudo ser guardada la tradición que contenía los dichos y hechos del Señor. Quiero decir, no necesariamente la guarda de esta tradición se realizó mediante documentos escritos, este 'entregar' y 'recibir' de esta tradición pudo hacerse oralmente y con mucha fidelidad. Quien recorrió parte de este camino fue JOUSSE Marcel, *Études de Psychologie linguistique. Le Style oral rythmique et mnémotechnique chez les Verbomoteurs*, Ed. Beauchesne, Paris 1925.

[240] Cfr. BURNEY C.F., *The Poetry of aur Lord. An Examination of the formal Elements of hebrew Poetry in the Discourses of Jesus Christ*, Oxford University Press, Oxford 1925. Ver también SCHÖKEL Alonso, *Manual de Poética hebrea*, Ed. Cristiandad, Madrid 1987.

[241] Cfr. JEREMIAS Joachim, *Teología del Nuevo Testamento*, t.1, p.1-50. Del mismo autor, cfr. también *The New Testament Peshita Aramaic Text*, Ed. The Bibel Society, Jerusalem 1986.

[242] Cfr. CARMINGNAC Jean, *La Naissance des Évangiles synoptiques*, Ed. O.E.I.L, Paris 1984.

[243] Cfr. RIESENFELD Harald, *The Gospel Tradition and its Beginnings*, p.24. Alli y en la página sucesiva el autor da y analiza un concreto ejemplo tomado de Mt 7,24-27.

[244] Cfr. GERHARDSSON Birger, *Préhistoire des Évangiles*, p.101.

Además, como muy bien lo explica Riesenfeld H., al tiempo de las predicaciones de san Pablo se consideraba que la tradición que conservaba los dichos y los hechos de Jesús ya estaba establecida y que además era muy bien conocida por sus oyentes. San Pablo hace explícitas alusiones a esta tradición[245]. Este comportamiento -también presente en otras cartas como las de San Juan o aquella de Santiago- explicaría el porqué -quizá también por reverencia y para que no se confunda aquella tradición con la propia- san Pablo no cita casi nunca directamente algún dicho de la tradición que conservaba las *verba Iesu,* si bien evidentemente construya sus 'cartas-predicaciones' sobre ellas (Cfr. Rom 12,14 y Mt 5,44; también Santiago 2,5 y Mt 5,3.5)[246]. El nombre primitivo de esta tradición de los dichos y hechos de Jesús no es euvagge,lion (buena noticia) sino lo,goj (palabra), r`h/ma (voz), y consecuentemente lo,goj qeou/, esto es Palabra de Dios, Ley (Torah) de la nueva y definitiva alianza[247].

41. LA LENGUA DE JESUCRISTO

Quien se quiera acercar a las mismas palabras de Jesús no puede obviar el ocuparse de la lengua que éste habló, y además a la consideración de la lengua 'original' de los Evangelios.

En cuanto a la primera de las cuestiones planteadas, se puede afirmar en líneas generales, que en los tiempos de Jesús eran

---

[245] Un texto entre otros es muy explícito: *"Os saluda Erasto, cuestor de la ciudad, y Cuarto, nuestro hermano. A Aquel que puede consolidaros conforme al Evangelio mío y la predicación de Jesucristo: revelación de un Misterio mantenido en secreto durante siglos eternos"*(Rom 16,25). Hay en el presente texto una clara distinción entre el *"Evangelio mío"* (de san Pablo) y *"la predicación de Jesucristo"*.

[246] Cfr. RIESENFELD Harald, *The Gospel Tradition and its Beginnings*, p.14-16. "Pablo, como los otros escritores de epístolas del NT, expresamente hacen alusión a esta tradición, y no obstante su intencional reticencia a citarla directamente, en algunos especiales e importantes lugares él (Pablo) deja en claro que tiene acceso a esta 'tradición verbal', como por ejemplo en el pasaje en el que introduce solemnemente como una citación las palabras de la Institución de la última cena (1Co 11,23-25). La manera como Pablo usa esta cita muestra que las palabras de esta tradición 'existían' sui generis, aunque normalmente no encontraban lugar en una epístola"(Op. citado, p.20).

[247] Cfr. RIESENFELD Harald, *The Gospel Tradition and its Beginnings*, p.22.

tres las lenguas más utilizadas en Palestina; esto es, el arameo, el griego y el hebreo. El arameo fue la lengua internacional de todo el medio oriente impuesta como tal a partir del Siglo VI a.C. Su uso era sobre todo oral, pero exhaustivos estudios sobre el tema en las cuevas de Qumrám demostraron que también se lo utilizó para escribir[248]. Al tiempo de Jesús y como lengua internacional fácil se utilizaba el griego vulgar, que se había ido imponiendo a partir de las conquistas de Alejandro Magno. Hay diversos estudios que permiten suponer que Jesús además de la lengua semítica, hablaba también el griego koiné[249]. De todos modos la lengua materna de Jesús fue el dialecto arameo galileo-palestinense[250].

Posteriormente a esta afirmación fueron muchos los estudiosos que buscaron el trasfondo arameo de los Evangelios, y contribuyeron grandemente a su credibilidad. "La constatación de un fondo arameo en las palabras de Jesús presenta gran importancia para el problema de la credibilidad atribuible a la tradición: semejante hecho lingüístico nos traslada, en efecto, al ámbito de la tradición oral aramea, y nos obliga a comparar las palabras de Jesús con el lenguaje del judaísmo contemporáneo de habla semítica, no sólo -como se hace a menudo- por su contenido, sino también por lo que se refiere a la lengua y al estilo"[251]. Todos estos estudios nos acercan a las mismas palabras que pronunció Jesús[252].

---

[248] Cfr. BEYER Klaus, *Die Aramäischen Texten von Toten Meer*, Göttingen 1984.

[249] Cfr. DÍEZ MACHO Alejandro, *La Lengua hablada por Jesucristo*, Ed. Fe Católica, Madrid 1976; FITZMYER J.A., *Methodology in the Study of the Substratum of Jesus' Saying in the New Testament*, en el libro dirigido por DUPONT J., *Jésus aux Origines de la Christologie*, University Press, Leuven 1989, pp.73-102.

[250] Cfr. MAYER Arnold, *Jesu Mutterschprache. Das galiäische Aramäisch in seiner Bedeutung für die Erclärung der Reden Jesu und der Evangelien überhaupt*, Ed. Mohr, Freiburg 1895. También DÍEZ MACHO Alejandro, *La Lengua hablada por Jesucristo*.

[251] JEREMIAS Joachim, *Teología del Nuevo Testamento*, t.1, p.15.

[252] Para quien quiera profundizar en la materia está la clásica trilogía -libro, gramática y diccionario- de DALMAN G., *Die Worte Jesu mit Berücksichtigung des nachkanonischen Schrifttums und der aramäishen Sprache erörtet*, Leipzig 1898; *Grammatik des jüdisch-palästinischen Aramäisch*, Leipzig 1894; y *Aramäisch-neuhebräisches Handwörterbuch zu Targum*, Talmud und Midrasch, Leipzig 1901.

Normalmente se atribuyen a Jesús veintiséis palabras en arameo[253], tres frases[254], y dos verbos en imperativo: *koum* 'levántate' (Mc 5,41), y *Effaqa* 'ábrete' (Mc 7,34).

De todos modos, hay algunas palabras evidentemente transliteradas al griego, cuya procedencia no es siempre tan clara, ya que pueden ser tanto arameas como hebreas. Tal parece ser el caso de *Beelzebou.l* (Belsebul)(Mt 10,25), *Korba/n* (ofrenda) (Mc 7,11), *Effaqa* (ábrete) (Mc 7,34), *avmh.n* (Mt 5,18), *Hli hli lema sabacqani* () Elí, Elí, porqué me haz abandonado?) (Mt 27,46), etc. Todo esto nos introduce en el punto siguiente.

42. LA LENGUA DEL EVANGELIO

Supuesto el apartado anterior, no fueron más que acciones lógicas algunas retrotraducciones de los evangelios -sobre todo de los sinópticos- a sus posibles lenguas originales[255]. Hubo trabajos retrotraductorios tanto al arameo[256] como al hebreo. Pero por el interés y quizás también por la profundidad -en cuanto que se trató de extraer además las consecuencias para toda la hermenéutica e investigaciones bíblicas-, nos detendremos algo más en los trabajos de algunos autores que últimamente han hecho suscitar en este campo una acalorada polémica.

---

[253] Algunas de ellas son: 'abba (Mc 21,36), bar (Mt 16,17), rabbi (Mt 23,7), sabbaton (Mc 3,4), etc. Para la lista completa cfr. JEREMIAS Joachim, *Teología del Nuevo Testamento*, pp.13-14.

[254] Una de ellas es Hli hli lema sabacqani (Mt 27,46). Cfr. también JEREMIAS Joachim, idem nota anterior, pp.12-16.

[255] Este trabajo de retrotraducción del Evangelio griego a su original es algo apreciado por diversos autores. Según J.JERMIAS "volver a traducir las parábolas a la lengua materna de Jesús es un medio de importancia fundamental, quizá el más importante, para recuperar su sentido original". Cfr. *Las parábolas de Jesús*, Ed. Verbo Divino, Navarra 1991, p.31.

[256] Entre las retrotraducciones totales o parciales de los evangelios al arameo, se pueden citar BURNEY C.F., *The Aramaic origin of the Four Gospel*, Oxford 1922; TORREY C.C., *The Four Gospels. A new Translation*, New York 1933; A.A.V.V. *The new Testament. Peshitta Aramaic Text*, Ed. Aramaic Scriptures Society, Jerusalem 1986; ZIMMERMANN F., *Early Aramaic Origin of the Four Gospels*, New York 1979.

Referiremos en primer lugar al profesor francés Claude Tresmontant[257], quien propuso sus argumentos hace unos años de manera un tanto vehemente. Sus conclusiones merecieron reacciones no menos subidas de tono[258].

El razonamiento de Tresmontant es más o menos como sigue. Algunos oyentes más cercanos a Jesús fueron tomando notas de lo que Jesús decía. Estas *megillot setarim o hypomnemata* -de los que habla con algunas distinciones también B.Gerhardsson[259]-, eran apuntes tomados en hebreo y no en arameo -siempre según Tresmontant-, ya que en los tiempos de Jesús era el hebreo -y no el arameo- la lengua 'escrita' de los estudiosos de las Escrituras. Y así como Jesús se presentaba como profeta(Mt 13,57), y como también los mismos profetas -Amós, Oseas, Isaías y Jeremías- tuvieron discípulos que pusieron por escrito sus oráculos en hebreo, entonces también y con mayor razón Jesús que se autodefinió 'más que un profeta' (Mt 12,39-41), tuvo entre sus discípulos más instruidos algunos que tomaban notas de las cosas que Él iba diciendo[260].

La prueba de la tesis afirmada, la encuentra Tresmontant sobre todo en la sintaxis de los evangelios que conservamos en griego, y que no es otra cosa que un calco de la sinopsis hebrea[261]. El

---

[257] Cfr. TRESMONTANT Claude, *Le Christ Hebreu*, O.E.I.L, Paris 1983.

[258] Quien reaccionó antes estas argumentaciones casi instantáneamente y con mucha furia, y dando a su temperamental respuesta el grosor de un libro, fue GRELOT Pierre, con su *Évangile et Tradition Apostolique*, Ed. du Cerf, Paris 1984.

[259] Cfr. este trabajo, capítulos 29 y 30.

[260] "Es un absurdo a priori suponer que ellos no tomaran notas, que se impidieran a sí mismos, que se prohibieran tomar notas, puesto que consideran que el rabbí galileo era más, mucho más que Amós, Oseas, Isaías o Jeremías, cuyos oráculos habían sido anotados por escrito. Estas notas fueron tomadas en hebreo, y no en arameo. ¿Porqué? Porque el hebreo era la lengua escrita, la lengua de los escribas, de los sabios. Había traducciones orales en lengua aramea de los libros hebreos, de la Torah y de los Profetas. Estas traducciones las llamamos targumin. Un traductor, en la sinagoga, traducía oralmente el texto santo, Torah o texto de un profeta. Pero le estaba prohibido poner por escrito, antes de la destrucción del templo, estas traducciones orales arameas. El hebreo era la lengua sabia, la lengua de la escritura inspirada. Es pues naturalmente en hebreo, con el que los discípulos mas instruidos y letrados, anotaron las palabras, los gestos y los hechos del Señor". Cfr. Claude TRESMONTANT, *Le Christ Hebreu*, p.19.

[261] Llega a decir: "Esto no es griego, esto es un calco del hebreo". Cfr. Claude TRESMONTANT, *Le Christ Hebreu*, p.34.

proceso lógico intelectual personal del profesor francés es primero la 'intuición' del origen hebreo de los Evangelios y después la búsqueda de la prueba de aquella intuición habida. En este sentido él es terminante: "cuando encontremos la estructura, la composición, la forma, la constitución de la frase hebrea en los Evangelios, podremos estar seguros de que se trata de una traducción de un texto hebreo a la lengua griega"[262]. Y a esta empresa dedica el corpus de la obra, cuya lectura al menos parcial, consideramos indispensable para que se pueda seguir nuestra argumentación[263].

Debemos nombrar también aquí al padre Jean Carmignac, un gran especialista en el mundo del hebreo y del arameo, quien trabajando sobre los semitismos presentes en el texto griego de los sinópticos, llegó a conclusiones muy cercanas a las de C.Tresmontant, y las publicó en un breve aunque denso libro que vio la luz hace apenas una docena de años[264]. Su conclusión -cuidadosamente documentada- era que los sinópticos fueron redactados originalmente en una lengua semítica, probablemente el hebreo, y que recién posteriormente fueron traducidos a los textos griegos, cuyo apógrafos conservamos[265].

---

[262] Cfr. TRESMONTANT Claude, Idem nota anterior, p.26.

[263] Nosotros obviamente y por razones de espacio, no nos podemos permitir aquí analizar los distintos textos de nuestros evangelios en griego. Por otra parte dicho trabajo ya ha sido realizado con bastante detenimiento por el Claude TRESMONTANT en el libro citado.

[264] Cfr. CARMIGNAC Jean, *La Naissance des Évangiles Synoptiques*.

[265] El origen escrito u oral pero ciertamente semítico de nuestros textos evangélicos, se hace patente, incluso a primera vista, en muchas retrotraducciones, que devuelven al texto más poesía, asonancia y contenido. Y para esto baste un ejemplo. En Mt 7,6 leemos "No deis lo santo a los perros, ni arrojéis vuestras perlas a los cerdos". El texto griego reza: *"Mh. dw/te to. a[gion toi/j kusi,n mhde. ba,lhte tou.j margari,taj u`mw/n e;mprosqen tw/n coi,rwn"*. Pero si se hace la retrotraducción al arameo el binario se hace más evidentemente poético y rico de contenido; transliterado tenemos: *"La tihbun qaddishekon lekalbayya' / wela tirmun margelekon lahazirayya'"*.
Mientras el ritmo y el sonido se hacen patentes, conviene además hacer notar la mayor riqueza de contenido. En efecto 'to hagion' del griego es la traducción de 'qaddisha'; pero las consonantes de qaddisha' -de la raíz vdq: santo- esto es 'lo santo', pueden ser también vocalizadas qedasha', que significa 'anillo'. Ambos significados no son ni contrapuestos ni contradictorios, ya que el anillo tanto nupcial como el anillo de los reyes, tiene un sentido de sacralidad; por ello, la primera etapa del matrimonio hebreo que se sellaba con la entrega del anillo nupcial se llama 'qiddushim', esto es consagración o santificación. Entonces -jugando con esta posibilidad- Jesús habría dicho: "No tiréis el anillo o lo santo a los perros". Para una mejor profundización de lo

El padre Jean Carmignac no es ningún improvisado. Después de su temprana intuición hecha pública por vez primera allá por el año 1969[266], dedicó los años siguientes a la búsqueda del camino de las pruebas. Después de más de diez años de trabajo, volvió a presentar su tesis. "Puesto que el griego de nuestros Evangelios testifica un buen conocimiento de la lengua: los nombres están declinados correctamente, los verbos son conjugados con corrección, el vocabulario es relativamente bastante rico, nuestros Evangelios griegos no han sido escritos por semiliteratos, sino por personas que poseían una buena cultura griega, pero que no se expresaban con independencia de un redactor y se creían obligados a traducir documentos preciosos lo más servilmente posible. Nuestros Evangelios sinópticos no son composiciones realizadas en griego, son traducciones hechas sobre el hebreo (a excepción del Prólogo y las coyunturas de Lucas)"[267].

En realidad, lo que bastaría probar aquí -teniendo en cuenta los fines del autor- es que en la base de nuestros Evangelios canónicos subyace un original en lengua semítica[268]. "Los manuscritos del Mar Muerto, que están casi todos en hebreo, prueban de manera incontestable que al tiempo de Jesús era el hebreo una lengua bien viva. Pero desde 1955 a nuestros días, pocos exégetas pudieron escapar del considerar al 'Mateo arameo' y mantienen entonces el origen arameo del primer Evangelio. Afortunadamente, esta cuestión no tiene para nosotros grande importancia. Lo que es fundamental, es saber si Mateo (Marcos y Lucas) han

---

dicho cfr. DÍEZ MACHO Alejandro, *Derash y Exégesis del Nuevo Testamento*, en Sefarad 35 (1975), pp.81-82; también TOSATO Angelo, *Il Matrimonio Israelitico. Una Teoria generale*, Biblical Institute Press, Rome 1982, pp.67-110.

[266] En aquel año, en un pequeño libro en el que analiza el padrenuestro, hace una retrotraducción de la oración dominical que nos trae el evangelista Mateo, y lo que nos parece remarcable, hace pública su intuición, de la posibilidad del origen semítico de los evangelios. Cfr. CARMIGNAC Jean, *Recherches sur le 'Notre Père'*, Ed. de Paris, Paris 1969.

[267] Cfr. CARMIGNAC Jean, *La Naissance des Évangiles Synoptiques*, p.50.

[268] La inclinación hacia el hebreo antes que el arameo, como texto evangélico previo al texto actual, la justifica el autor por el hecho del carácter sagrado del primero. Cfr. CARMIGNAC Jean, *Recherches sur le 'Notre Père'*. De todos modos hay ya estudios que para algunos textos evangélicos pretendieron dilucidar el tema, cfr. VERMES G., *Jewish Studies and the New Testament*, en JJS 31 (1980), pp.1-17.

sido compuestos en griego o si ellos han sido compuestos en una lengua semítica, porque ello pone de manera diferente el problema de su formación, datación, relación e interpretación. Más que esta lengua semítica sea el hebreo o el arameo, eso es fundamentalmente secundario"[269].

También este aporte de los dos biblistas franceses es sobre todo importante, porque excluye el largo proceso de elaboración de los evangelios por parte de la comunidad cristiana primitiva (con posibles añadidos e interpolaciones) y sitúa su redacción más cercana a los años de la vida terrena de Jesús[270]. No por nada, ambos estudiosos acarrearon feroces críticas y el mismo ostracismo, que aún sigue, en torno a su obras[271].

---

[269] Cfr. CARMIGNAC Jean, Op. citado, p.76.

[270] De todos modos, J.Carmignac no escapa de la teoría de las fuentes en la formación de los sinópticos. Es mas, él propone una teoría concreta que no tenemos posibilidad de desarrollar convenientemente en una nota. Cfr. CARMIGNAC Jean, Op. citado pp.52-57.

[271] Cfr. *Semanario Il Sabato*, 1/2/1992, pp.54-58; Revista 30Días, n153, p.3; *Semanario Il Sabato*, 14/3/1992, pp.56-59; 6/6/1992, pp.54-57.

Esta obra se terminó de imprimir
en Alba Impresores SRL
Amancio Alcorta 3910, Buenos Aires

Diciembre 2020